L'HOMME ARAIGNÉE

ALAIN ROBERT

LIBRE
ET
SANS ATTACHE

David CHAMBRE - Laurent BELLUARD

ÉDITIONS DU MONT-BLANC
CATHERINE DESTIVELLE

Je n'ai d'autre choix que de croire en mes chances de réussite

◂ Alain en solo dans le secteur de *Pichenibule*.
Gorges du Verdon - 2022.
© Philippe Poulet

PRÉFACE

J'ai toujours eu le sentiment qu'il existait un certain lien entre Alain Robert et moi, même si, au fil des ans, je ne l'ai rencontré que brièvement lors de divers événements.

Alors que je n'étais qu'un enfant qui commençait à grimper, Alain Robert était déjà un grimpeur de renommée internationale. J'ai donc grandi avec ses exploits. Il se trouve que je suis devenu un soloïste célèbre, en grande partie grâce au succès du film *Free Solo*.
Alain ayant réalisé la plupart de ses escalades bien avant qu'Internet n'existe, il y a relativement peu de récits et encore moins de photos de ses ascensions les plus difficiles sur le rocher.
Aujourd'hui, il est surtout connu dans les médias grand public comme l'homme araignée français, un personnage excentrique qui escalade les plus hauts bâtiments du monde, généralement sans corde et souvent sans autorisation. Ses ascensions de gratte-ciel sont impressionnantes.
Certaines sont physiquement très difficiles (jusqu'à une cotation estimée à 7c), et ont parfois été réalisées dans des conditions défavorables ou par mauvais temps, avec toujours la menace d'une arrestation au sommet !
Je suis l'une des rares personnes à avoir grimpé sur certains de ces bâtiments, et je peux attester de leur difficulté et de leur intérêt. J'ai toujours eu l'autorisation des propriétaires et la plupart du temps, j'étais équipé d'une corde pour faire des repérages en vue d'un potentiel projet télévisuel.
Bien que je n'aie pas eu l'occasion de grimper en solo intégral comme Alain, cette expérience m'a permis de mieux comprendre l'attrait de telles ascensions.
Les escalades urbaines d'Alain sont parfois considérées comme un simple coup médiatique pour faire parler de lui. D'une certaine manière, ce n'est pas faux car Alain est un showman et il aime le spectacle. Il n'empêche que ces « cascades » exigent des compétences exceptionnelles en tant que grimpeur.

Durant les années 1990, Alain a parcouru en solo des voies rocheuses jusqu'au 8b alors que le 8c était la difficulté maximale encordé. Cela signifie qu'il était prêt à mettre sa vie en jeu sur certaines des voies les plus difficiles du monde. Aucun autre soloïste n'a été aussi proche de cette « limite ».
À titre de comparaison, mon solo d'El Capitan de 2017 était six degrés en dessous de ma limite technique (sur l'échelle de difficulté américaine) et de dix degrés inférieur au top mondial encordé – une différence significative par rapport à la marge d'un ou deux degrés seulement que prenait Alain.
Le style et la difficulté des voies qu'il a parcourues en solo intégral restent inégalés.
Je songe par exemple à son solo de *La Nuit du Lézard* en 1991, une voie en $8a^{+}$ avec des prises de la taille d'un seul doigt et dans un mur surplombant. C'est un style incroyablement aléatoire, puisque peu de parties de votre corps sont en contact avec le rocher, ce qui explique probablement pourquoi, plus de trente ans plus tard, aucun de ses solos n'a été répété. Il est regrettable qu'à l'époque ses réalisations n'aient pas été reconnues à leur juste valeur ; ce livre est l'occasion de combler cette lacune.
Mais ses années de solos extrêmes ont eu un prix : Alain a été gravement blessé à plusieurs reprises et a été victime de plusieurs accidents qui auraient, en théorie, dû mettre un terme à sa carrière. Contrairement aux prédictions de ses médecins, il s'en est remis à chaque fois et s'est même lancé dans des ascensions encore plus difficiles. Alain a gravi plus de deux cents gratte-ciel dans le monde entier, mais chaque ascension est unique et constitue une véritable aventure avec tout son lot d'émotions.

La vie d'Alain est digne des meilleurs scénarios de films d'action, ce qui explique sans doute pourquoi tant de films et de projets médiatiques ont été consacrés à ses exploits urbains.
Alain a toujours eu un amour inconditionnel pour l'escalade, comme en témoigne sa recherche constante de nouveaux défis. Il aime l'engagement, le vide qui l'entoure, le frisson, le défi.
Et il a toujours joué selon ses propres règles, guidé par sa passion et la beauté du geste.
J'ai un immense respect pour tout ce qu'Alain a accompli en près de cinquante ans, pour les moments incroyables qu'il a vécus tout au long de son parcours.
Je suis donc particulièrement heureux qu'il ait pris le temps de nous raconter sa vie de grimpeur.

Bonne lecture !

Alex Honnold

PRÉFACE

Le free solo représente l'escalade dans sa forme la plus pure.

Il n'est pas nécessaire d'expliquer le défi qu'il représente car tout le monde peut comprendre la nature radicale du solo intégral.
Il n'y a pas de place pour la moindre erreur et, dans l'histoire de l'escalade, peu nombreux furent ceux prêts à relever ce défi.

Alain Robert est connu comme « l'araignée humaine ».
L'escalade des plus hauts gratte-ciel l'a rendu célèbre dans le monde entier, bien au-delà de la communauté de l'escalade libre.
Mais il est bien plus qu'un grimpeur fou qui s'est tenu au sommet de la plupart des tours les plus spectaculaires. C'est aussi un pionnier qui a ouvert une nouvelle voie dans l'art du solo intégral en rocher.

En termes de cotations, il est ainsi devenu le premier à réaliser une voie en 8b, mais tout n'est pas qu'une question de chiffres.
Il a surtout gravi des lignes comme *La Nuit du lézard* et *Polpot*, unanimement reconnues pour leur aspect très aléatoire.
C'est cette recherche constante d'un nouvel horizon qui l'a poussé à franchir la ligne invisible entre le connu et l'inconnu, encore et encore.

Véritable pionnier, Alain Robert était et reste une source d'inspiration pour l'ensemble des grimpeurs comme pour moi-même.

Chapeau bas, mon frère de solo !

Alex Huber

SOMMAIRE

◂ Alain sur la *tour Italie*, gravie et descendue en bottes de cow-boy.
São Paulo - 2008.
© Emmanuel Aguirre

Vivre OU MOURIR

Vous êtes l'expression de votre plus profond désir.

Tel est votre désir, telle est votre volonté.

Telle est votre volonté, tels sont vos actes.

Tels sont vos actes, telle sera votre destinée.

Brihadaranyaka Upanishad IV. 4.5

◂ Alain dans *No Self Control* (7a), grimpée à vue.
Gorges du Verdon - 1991.
Coll. Robert

TOUR TOTAL, PARIS, NOVEMBRE 2023

Le lundi 6 novembre 2023, nous sommes au trente et unième jour du conflit entre le Hamas palestinien et l'État israélien. Sur le parvis de La Défense, ce Manhattan parisien, il fait modérément froid mais le ciel est couvert. Une journée d'automne francilienne classique en somme.

Aux abords de la *tour Total*, dite « la Coupole », un homme solitaire s'approche.
Ses longs cheveux argentés signalent son âge mûr.
Il semble plutôt fluet et de petite taille.
Plus étonnant, il porte une tenue bariolée, pantalon moulant rouge et veste jaune fluo, qui détonne avec les costumes sobres des cadres et les tailleurs stricts des executive women, principale population du lieu.
Un œil attentif pourrait distinguer une caméra embarquée vissée sur son front, sous son bonnet noir, et aussi, plus étrange, des sparadraps blancs recouvrant ses doigts. Ses chaussures elles aussi ont un aspect bizarre, pas réellement des chaussures mais plutôt des chaussons de danse, non pas de couleur satin mais bien plus sombres. Deux petits sacs sont attachés à sa taille et pendent sur ses fesses.
S'approchant nonchalamment du pied de la tour, cette forteresse de verre et d'acier de 187 mètres de hauteur, il commence tranquillement à l'escalader, comme s'il continuait sa promenade, mais désormais sur un axe parfaitement vertical.
Ses gestes sont sans hâte mais précis, un ballet bien réglé entre les mains remontant les rainures verticales qui délimitent les rectangles vitrés et les pieds qui suivent avant de se rétablir sur les traverses horizontales. Sa progression est rapide.
Un attroupement se forme au pied de la tour et très vite, tout le quartier est bouclé par la police.
Il file vers le sommet sans utiliser la moindre corde ou autre artifice, seulement ses pieds et ses mains.
Toute chute serait évidemment mortelle, pourtant il se permet de saluer son public de temps à autre, se retournant pour faire face au vide, une manière de se reposer mais aussi de tester son acceptation du vide, une sensation à laquelle il est beaucoup moins confronté depuis qu'il vit à Bali.
L'ascension semble donc bien se dérouler.
Alain Robert, le French Spiderman, a encore frappé !
Et il sait déjà que ce ne sera pas sa première arrestation pour avoir gravi illégalement une structure urbaine.

Tour Total - 2023

Comment un homme de 61 ans, c'est-à-dire officiellement considéré comme sénior par l'INSEE, possédant en plus de sérieux handicaps physiques consécutifs à ses multiples accidents, peut-il se retrouver à défier les lois de la gravité et celles de la médecine ?
C'est que le grimpeur urbain le plus célèbre du monde vient faire son pèlerinage annuel sur son gratte-ciel le plus emblématique, l'un des premiers de sa longue carrière. Presque trois décennies auparavant, en 1994, lorsqu'il s'est présenté à son pied pour la première fois, l'édifice, inauguré en 1985, était alors dénommé « *tour Elf* ». Comme son nom l'indique, elle était le siège d'Elf Aquitaine, première entreprise nationale et fer de lance de l'industrie pétrolière française.

« *Lors de ma première ascension de cette magnifique tour de verre, je pensais qu'elle allait marquer un tournant dans ma nouvelle carrière de grimpeur urbain. Mais l'escalade avait été pénible, j'avais choisi de grimper par un angle, une option beaucoup plus difficile que par les faces. Du coup, mon style était un peu haché, je n'avais pas les bonnes techniques, je subissais l'escalade. Au pied de la tour, ma première femme Nicole, alors enceinte de mon troisième fils, avait préféré quitter les lieux. Heureusement, en une bonne vingtaine de minutes, je me retrouvais sans encombre au sommet, avec comme comité d'accueil les pompiers, le service de sécurité mais aussi Loïk Le Floch-Prigent, ex-PDG mais furieux qu'un hurluberlu ait eu l'arrogance de grimper "sa" tour sans demander une autorisation... qui lui aurait été forcément refusée !* »

Après 1994, Alain retourne régulièrement gravir celle qui prendra le nom de « *tour Total* » en 1999.
Il ne passe plus seulement par un angle, mais il grimpe en « enroulant » la tour par toutes ses arêtes et ses faces, à la manière d'un anaconda étouffant sa proie.
Il utilise aussi une autre méthode, plus aléatoire mais moins exigeante physiquement et globalement plus facile : il ne coince plus ses chaussons d'escalade dans la fissure qu'il utilise pour les mains, mais les pose directement à plat sur les vitres miroirs, se regroupe puis les remonte d'un coup sec afin d'éviter la rupture d'adhérence. Et ça tient !

▸ Alain très haut sur la *tour TotalEnergies* (ex *tour Total*). 2023. Coll. Robert

TOTAL

JE ME BATS *jusqu'à* LA MORT

En 2015, il se lance un défi : faire la *Total* pour ses 60 ans, donc en 2022. Mais avec le recul de l'âge légal de la retraite en France décidé en 2023, il décide de continuer à la faire chaque année jusqu'à la date officielle de sa propre retraite en 2025.
« *C'est une tour esthétique, pas très facile mais pas trop difficile non plus, donc elle correspond bien à mon niveau actuel. Ma force, ça a toujours été de grimper à ma limite du moment. Il y a trente ans, j'étais une Ferrari en zone rouge, aujourd'hui, je suis une Clio diesel en zone rouge ! Chaque escalade extrême a toujours été un coup de poker.* »

Cette ascension automnale de novembre 2023 va donc être sa quinzième, et Alain souhaite l'associer à l'envoi d'un message de paix : « *Tout en grimpant, je pense à tous ces gens qui sont en Palestine comme en Israël et qui souffrent de la violence et des bombes. Donc, en acte de solidarité, ça méritait mon petit effort. C'est un appel afin que tous les dirigeants du monde entier s'assoient, se réunissent et qu'ils fassent quelque chose pour régler une fois pour toutes ce conflit.* »

Geste utopique pour les uns, salvateur les autres, c'est en tout cas loin d'être le premier pour cette figure médiatique qui met depuis longtemps sa notoriété mondiale au service de causes humanitaires, sociales et environnementales.

◂ Sur la même tour, (*tour Total* à l'époque), la tour la plus gravie (quinze fois) par Alain. 2017.
Coll. Robert

Pourtant, alors qu'il file vers le sommet, les choses ne vont pas se dérouler aussi tranquillement qu'il l'imaginait : « *Désormais, je mets du Strappal, une sorte de sparadrap médical en tissu non élastique, sur mes doigts pour les protéger de l'abrasion du métal et du verre.*
Mais à 70 mètres du sommet (sur les presque 190 mètres de la tour), celui fixé sur l'un de mes auriculaires, l'un des doigts les plus importants en escalade, s'est défait.
En glissant, il a mis la peau à nu, risquant de provoquer un saignement. Et s'il y a du liquide sur les prises, même artificielles, c'est une perte d'adhérence et un glissement assurés. Bien sûr, vu la structure de la tour, il était impossible de m'arrêter et de lâcher les deux mains pour tenter de le remettre.
Sur les derniers 20 mètres, j'ai basculé sur une autre face de la tour, en plein vent. Il devenait donc totalement impossible de faire marche arrière.
Ce qui ne devait être qu'une aimable randonnée verticale sur le gratte-ciel qui m'est le plus familier et une escalade d'habitude facile pour moi, tout cela s'est transformé en un combat de rue sur les derniers mètres.
Une situation que je ne souhaite à personne.
C'était sauve-qui-peut mais je suis resté calme, j'ai fait ce que j'avais à faire pour rester en vie.
Durant ces instants interminables où, précisément, le temps semblait suspendu, je me trouvais alors entre les vivants et les morts. Une situation paradoxale mais intéressante : d'abord détestable, mais épanouissante ensuite lorsque je me suis redressé au sommet. »

Anecdotiquement, il s'ensuivra, pour la première fois depuis longtemps, une garde à vue pour « mise en danger de la vie d'autrui ». Puis, comme la plupart du temps, les poursuites seront abandonnées.

« *Dans ces cas-là, tu puises plus dans tes réserves mentales que physiques. Il y a la technique, il y a la force mais aussi certainement un facteur chance, comme lorsque je me suis retrouvé par deux fois en rupture d'adhérence au niveau des pieds. L'expérience aide à compenser le physique, mais ma force, c'est mon mental. Je me bats jusqu'à la mort. Je suis Spartacus dans l'arène, livrant ma bataille pour qu'il y ait encore un demain. C'est quelque chose que personne ne peut acheter, même les plus riches. Avec l'adrénaline que sécrète mon corps dans ces situations, je n'ai pas besoin de coke ou d'une autre drogue. Je suis obsessionnel, je dois me délivrer de mes projets en les réalisant, les exorciser par la sueur et la peur. Jusqu'au suivant.*
Mes escalades sont comme inscrites dans la pierre.
Les réaliser est une sorte de fatalité, une suite logique où j'improvise des solutions, où je n'ai d'autre choix que de croire en mes chances de réussite. L'entraînement, la technique et l'expérience font le reste. »

HONG KONG, AVRIL 2008

Non loin du front de mer de Hong Kong, les *Four Seasons* sont deux tours construites en 2005, l'une culmine à 205 mètres et sert de résidence alors que l'autre, un peu moins haute (165 m), abrite un hôtel de luxe.

Au printemps 2008, l'objectif d'Alain est la seconde tour, la plus intéressante esthétiquement.
Hong Kong est une ville qui se prête particulièrement bien à l'escalade urbaine et où, selon Alain, le délit qu'il se préparait à commettre était moins sévèrement sanctionné qu'ailleurs ! En tout cas, rien à voir avec la dureté et la brutalité des autorités chinoises ou américaines, comme nous le verrons plus tard.
Étonnamment, le retour de Hong Kong dans le giron chinois en 1997 n'y a pas changé grand-chose.
Ce qui explique aussi le nombre de tours qu'il a gravies là-bas, même si, lors de l'une de ses visites, la justice lui a ressorti un dossier non réglé datant de 2011.
Finalement jugé, il a été condamné à un an de probation qui lui interdisait de grimper à Hong Kong.
Certains quotidiens locaux en ont même titré :
« *Rendez-vous dans 366 jours* ».
Trois cent soixante-seize jours plus tard, il gravissait illégalement le *Cheung Kong Center*, 283 mètres.
Un nouveau jugement est toujours en attente, et comme le Français risque une condamnation, il s'abstient depuis de retourner à Hong Kong.

Il faut dire qu'aujourd'hui, Alain bénéficie d'avocats plus compétents qu'à ses débuts, quand il pensait que son meilleur défenseur ne pouvait être que lui-même.
Cette *Four Seasons* est donc choisie un peu au hasard, en fonction des déambulations d'Alain dans la ville, sachant que chaque fois qu'il atterrit ici, la sécurité aéroportuaire, consciente de son passif en la matière, avertit la police de sa présence, et par ricochet les vigiles des principaux gratte-ciel.

Le French Spiderman est bien connu ici puisqu'il y a déjà sévi, notamment en 1996 en s'adjugeant le *Two International Finance Centre* qui dépasse les 400 mètres, l'un des symboles de la baie.
Il souhaite « attirer l'attention sur le problème du réchauffement climatique » et va porter pour l'occasion un tee-shirt aux couleurs d'une ONG mettant en cause la Chine, alors considérée comme l'un de ses principaux responsables. Même pas peur !
Mais cette fois-ci, son aventure va illustrer sa mauvaise estimation des difficultés, mais aussi et surtout son adaptabilité à une situation difficile.
Il faut dire que pour les repérages, la question a vite été réglée : un petit coup de jumelles mais rien de plus au vu de la sécurité assez présente.
Monter au sommet des immeubles en ascenseur pour reconnaître l'arrivée ne lui apporte généralement pas grand-chose. Cette fois, il aurait probablement dû le faire, cela lui aurait permis de noter les changements de structure des dix derniers mètres mais erreur d'inattention, optimisme exagéré ou insouciance naturelle, il en a fait l'économie.
Ceci dit, même de près, il est très difficile de repérer les changements d'espacements sur les derniers mètres.

L'ascension des quarante-six étages se présente relativement bien : une épaisse cornière permet d'y glisser profondément les mains, assurant une escalade assez rapide et sûre. Tout change alors que la sortie est en vue : hasard ou défaut lors de la construction, les espaces creux sont comblés, augmentant soudainement la difficulté et l'engagement.
En escalade rocheuse classique, on dirait qu'une prise a cassé dans le passage-clé, ce qui est toujours bien plus ardu lorsque ce dernier se situe plutôt à la fin qu'au début... Surtout lorsqu'il s'agit d'une escalade à vue, c'est-à-dire sans repérage préalable, qui plus est non encordée ! Ainsi, ce qui devait être une promenade de santé se transforme instantanément en une position très inconfortable. Que faire ? Redescendre ?
Notre grimpeur a déjà compris qu'après 200 mètres d'escalade, le point de non-retour est plus que dépassé, la désescalade étant une activité la plupart du temps bien plus difficile physiquement que la montée.
Peu d'aide à attendre de la part des observateurs, qui ne sont pourtant qu'à quelques centimètres de lui, de l'autre côté des épaisses vitres étanches et scellées, mais qui se contentent de filmer et de photographier la scène sans bien en saisir l'enjeu vital.

Un autre paramètre inattendu vient encore compliquer l'équation : la qualité du métal. Du fait de la proximité de la mer, les établissements de luxe comme celui-ci utilisent des traitements de surface anticorrosion rendant les surfaces particulièrement glissantes.
Pour tous les grimpeurs, quel que soit le support, artificiel ou naturel, le coefficient d'adhérence est plus qu'un simple paramètre.

Hong Kong - 2008

▲ Sur le *Cheung Kong Center*, en soutien aux manifestations pour la paix entre Hong Kong et Pékin.
Hong Kong - 2019.
Coll. Robert

C'est une contrainte, certes invisible, mais qui peut transformer une escalade facile en un véritable challenge. Alain se retrouve donc face à une fissure rentrante de quelques centimètres qui se dérobe sous ses doigts. Pour compenser, il lui faut trouver des appuis de pieds d'autant plus rassurants, et pour l'instant, c'est l'impasse.
Spiderman n'arrive plus à bouger et ne sait tout simplement pas quoi faire de ses pieds...

Il hésite à traverser afin d'aller chercher ailleurs sur la tour une sortie plus aisée, mais renonce devant le côté trop hypothétique de la tentative.
Après plusieurs minutes angoissantes d'immobilité et de tentatives infructueuses pour repartir, il choisit d'improviser en insérant transversalement son pied gauche dans toute sa longueur à l'intérieur de la gouttière verticale.
Coincé entre la pointe et le talon, son pied semble solidement fixé et allège la tension dans ses bras, diminuant ainsi la fatigue qui se fait de plus en plus présente. Finalement, c'est de cette manière qu'il décide d'aller de l'avant, une fois compris comment coincer et décoincer son pied.

« D'une situation désespérée, il peut en sortir du mauvais évidemment, mais aussi du bon. Le tout, c'est de ne pas paniquer, de rester calme et d'analyser froidement la situation. Le monde extérieur n'existe plus.
Je ne vois plus tous ces regards interrogateurs de l'autre côté des vitres, les journalistes qui me filment, les spectateurs en bas qui se demandent si tout ça n'est pas un peu du cinéma pour augmenter le spectacle.
Je suis totalement seul.
Une fois mon pied engagé, je comprends vite que ça peut fonctionner mais par contre, aucun retour en arrière ne sera possible. C'est une escalade scabreuse, sans autre solution que d'avancer sur une seule barre évasée et glissante au lieu de deux auparavant.
Un type de mouvement très rare en escalade naturelle, relevant plus de la croyance en sa bonne étoile que d'une certitude, une totale improvisation pas très orthodoxe ni très engageante ! C'est sûrement ce qui me caractérise : malgré tous mes accidents et mes handicaps, je conserve une bonne gestion émotionnelle dans des moments extrêmes où la frontière entre la vie et une mort assurée devient extrêmement ténue. »

L'arrivée au sommet n'est pas une explosion de joie, juste un soulagement et aussi une certaine colère de s'être mis en danger de façon si inattendue.
Une décennie plus tard, Alain aura l'occasion de gravir une seconde fois la tour, encordé et officiellement cette fois, et pourra ainsi confirmer sa difficulté.

▼ ▲ ▶ Sur le *Four Seasons*, l'une des ascensions les plus audacieuses de la longue carrière du French Spiderman.
Hong Kong - 2009.
© Emmanuel Aguirre

LE PRIX DE L'AUDACE

À quinze années d'intervalle, ces deux épisodes illustrent bien ce qu'est la vie aventureuse d'Alain depuis plus de quatre décennies. Car, finalement, qu'est-ce que l'aventure, si ce n'est d'avoir des projets, de sortir de chez soi et de se laisser emporter par les incertitudes du monde réel ?
De plus, comme nous allons le découvrir, ses plus grands exploits, ceux qui resteront gravés dans le livre d'or de l'histoire de l'escalade, ne sont pas ses ascensions urbaines mais bien celles, toujours solitaires, sur le « vrai » rocher.

Jamais reprises, souvent réalisées dans l'anonymat, loin des foules et des caméras, elles sont pourtant reconnues par ses pairs les plus prestigieux pour leur niveau technique et leur audace. Car oser, c'est d'abord oser échouer autant que réussir, oser prendre des risques, aller toucher ses limites sans le vivre comme un drame mais comme un enrichissement personnel. Comment espérer faire reculer ses limites si on est déjà inhibé à l'idée de s'en approcher ?
En escalade, comme dans la vie de tous les jours, il n'y a aucune autre issue. Si l'on prend le risque de monter tout en haut, il faut accepter la possibilité de chuter. Pour illustrer cette métaphore, quoi de mieux que l'escalade ?

« Mes plus fortes sensations, mes plus grandes décharges d'adrénaline n'ont jamais été à mon initiative.
Je m'explique : lorsque je grimpe sans corde, je calcule les risques pour minimiser autant que possible les imprévus. C'est le deal de départ, le préambule.
Après, ma concentration tente de juguler le flot d'adrénaline, de pensées négatives et la multitude d'états d'âme venant se bousculer dans mon esprit.
Jusque-là, rien de très anormal, rien de très inquiétant, du moins dans la "normalité" de ma pratique.
Mais quand l'imprévu survient au détour d'une prise, d'un mouvement ou d'une vitre, que mes pieds se mettent à glisser, imperceptiblement mais sans laisser la moindre équivoque, que mes mains s'ouvrent peu à peu, gangrenées par l'excès d'acide lactique transformant mouvement après mouvement mes avant-bras en véritables montgolfières, là, à ce moment précis, totalement seul face à la mort, je me bats dans l'urgence totale, dans une sorte de panique positive, une panique maîtrisée en quelque sorte.
Et quelques dizaines de mètres plus haut, une fois à l'abri de la chute, je ressens la vie en moi comme jamais auparavant. Elle coule sur mon front, dans mes veines, par mes yeux, dans le timbre de ma voix.

◂ ▸ Au Verdon, dans *L'Ange en décomposition* (7a), l'une des voies les plus vertigineuses des gorges.
© Robby Bösch

◂ ▴ Au Verdon, en solo à la sortie de la voie *Séance tenante* pour le repérage d'une photo de publicité totalement décalée, Alain étant surtout connu pour sa pratique du solo intégral (sans corde ni baudrier).

▸ Dans *L'Ange en décomposition* (7a). © Robby Bösch

À cet instant, que peut-il m'arriver ?
Quelle emprise peut avoir la police appliquant la loi sur le viol de propriété privée ?
Quel fonctionnaire pointilleux, à l'étroit dans son costume bleu, peut m'empêcher d'être heureux de me sentir en vie, heureux de sortir encore vainqueur de cette confrontation avec la mort, heureux de vérifier une fois de plus que ce n'est pas mon heure ?
Car oser échouer, c'est aussi faire le compte de ce que l'on gagne et de toutes les choses qui restent à découvrir. Certains passent leur vie sans savoir s'ils sont en vie, s'ils ont envie. D'autres la passent à tenter de trouver un but, une raison, se remettant perpétuellement en question, en danger.
À mi-chemin entre ces deux comportements extrêmes, j'estime connaître de manière suffisamment exacte le prix de la vie pour savoir également profiter des plaisirs simples. Alors, de temps à autre, je vérifie à ma manière l'intérêt que je porte à me réveiller le matin de bonne humeur, à regarder par la fenêtre si le soleil brille déjà ou observer mes proches dans leurs occupations quotidiennes. On n'a rien sans rien, dit la sagesse populaire, difficile d'affirmer le contraire... »

CHES

Le refus DU MODÈLE IMPOSÉ

À l'âge de la technique,

recourir aux moyens les plus simples

signifie souvent avantage et sécurité.

Reinhold Messner, *Le 7e degré*

◂ À la *tour Engie* à La Défense, la sécurité empêche Alain de commencer son ascension. Finalement, un autre départ permettra de contourner les vigiles. 2017.
Coll. Robert

Paramount présente
SPENCER TRACY · ROBERT WAGNER
VISTAVISION
TECHNICOLOR
"Servoz s'est tué ce matin en traversant un glacier... La lèvre d'une crevasse a cédé... et le voilà précipité au fond par une coulée de neige... quand on l'a dégagé, il était mort."
extrait du roman d'Henri Troyat "LA NEIGE EN DEUIL"
LA NEIGE EN DEUIL
également interprété par CLAIRE TREVOR
Production et Réalisation de EDWARD DMYTRYK
Scénario de RANALD MacDOUGALL
d'après le roman de HENRI TROYAT
(EDITIONS FLAMMARION)
C'est un Film Paramount

VALENCE, DRÔME, ANNÉES 70

Alain Robert a un jour résumé ainsi ses premières aventures verticales : « *Deux gosses à Valence dans les années 70.* » Les parents du jeune Alain se sont effectivement installés dans la préfecture de la Drôme et y occupent un petit appartement avec leurs trois enfants. Malingre, manquant d'appétit, habité de terreurs nocturnes qui se transforment en cauchemars, Alain est un gamin introverti et sans assurance. Quand il nage, il redoute que des monstres abyssaux ne l'engloutissent. En montagne, les parois abruptes le terrifient...

Pourtant, un jour, il tombe en arrêt devant le poste de télé familial qui diffuse *La Neige en deuil*.
Ce film américain de 1956, avec Spencer Tracy et Robert Wagner, est tiré du roman éponyme d'Henri Troyat.
L'écrivain s'est lui-même inspiré de l'histoire vraie du Malabar Princess, un avion indien voyageant de Bombay à Londres pris dans la tempête en survolant les Alpes et qui s'écrasa juste en contrebas du sommet du mont Blanc en 1950.

Le jeune Alain est littéralement fasciné par ces aventures héroïques d'alpinistes immergés dans cet univers de neige et de glace.
Bien qu'elles lui inspirent encore une certaine terreur enfantine, il veut lui aussi aller se confronter au vide et devenir un grimpeur.
Cela prendra évidemment quelques années, mais ces valeurs alpines correspondent bien à son idéal adolescent construit par les héros télévisuels de cette France des Trente Glorieuses : devenir courageux.

◂ L'affiche originale de la *La Mort en deuil* (1956).

▴ Alain, à 13 ans, ses débuts en escalade en Ardèche. 1975.
Coll. Robert

« *J'étais un enfant timide et chétif, donc ce qui me faisait rêver, c'était de ressembler un jour à ces grimpeurs audacieux, mais aussi à Zorro, Robin des Bois ou d'Artagnan, tous ces modèles idéaux qui semblaient sans peur. Gamin, j'avais une peur panique du vide.*
Une appréhension déraisonnable, ridicule, obsessionnelle. Pourtant, j'étais fasciné par l'héroïsme des alpinistes, surtout par celui du fameux personnage de La Neige en deuil. *D'un côté, ma fascination et mon admiration pour ces hommes qui se jouent de la verticale et de la mort, de l'autre, la réalité, le petit gamin que j'étais, complètement terrorisé par le vide, par un peu tout d'ailleurs...* »

Une heureuse initiative paternelle l'envoie en colonie de vacances dans le proche massif du Diois.
C'est là qu'il peut enfin goûter aux joies de ce qui s'appelle encore la varappe, apprécier pour la première fois le toucher du rocher et réaliser que, malgré sa petite taille, voilà une activité où il est naturellement doué.
À Valence, un jour où il rentre chez lui du collège, il s'aperçoit qu'il a oublié ses clés et décide de rejoindre l'appartement familial situé au huitième étage en escaladant la façade par ses aspérités et ses balcons.
L'immeuble se nomme l'Ailefroide, en référence au célèbre pic du massif des Écrins.

▲ Alain, à 14 ans, entouré par ses compagnons scouts au sommet et durant l'ascension du Grand Veymont (2 341 m), le point culminant du Vercors. 1976.
Coll. Robert

Un coup de tête prémonitoire bien qu'il ne se doute probablement pas que ce premier « sommet » et cette folie constitueront son quotidien quelques décennies plus tard.
Cette première escalade solitaire à 11 ans, couronnée de succès, ravive son rêve d'enfant. Elle lui permet aussi de nouvelles rencontres grâce à sa notoriété locale d'« aventurier ». Des voisins, dont les parents sont férus de spéléologie, lui donnent accès à leur cave au trésor : un coffre rempli de cordes et de mousquetons. Grâce à cet équipement rudimentaire, il peut découvrir les joies de se suspendre dans les airs entre les arbres et apprendre ses premières manœuvres.
Le soir, il dévore les récits des grands alpinistes, les Bonatti, Terray, Rébuffat et autres Desmaison, ces figures tutélaires d'un grand alpinisme héroïque où le danger rôde derrière chaque fissure et chaque plaque de glace mais donne tellement plus de sens à la vie.
Le Graal, ce serait alors de faire partie du Club alpin, mais il est encore trop jeune.
En guise de consolation, Alain peut néanmoins rejoindre les scouts locaux qui lui semblent combiner l'aspect aventureux à l'appel des grands espaces.

Le scoutisme, susceptible de rassurer ses parents avec l'aura de respectabilité d'un mouvement officiel, lui permet de prendre le large d'un cocon familial parfois étouffant et de partir à l'aventure dans les massifs préalpins voisins.
Il lui offre aussi une ouverture à la nature dans sa globalité et canalise son désir de dépense physique.
Au début, il n'est pas spécialement question de grimper mais plutôt de débrouillardise et de rusticité lors d'expéditions sylvestres dans la nature sauvage des massifs drômois.

C'est là qu'il se lie d'amitié avec son capitaine, Pierre Jamet, un gamin un peu plus âgé que lui, prêt comme lui à toutes les audaces et qui va naturellement devenir son compagnon favori.
Pierre est un puriste, un adepte avant l'heure de ce que l'on appelle aujourd'hui la MUL, la marche ultra-légère. En un mot, plus on se dépouille du matériel non-indispensable plus on est léger, donc plus on peut avancer facilement et rapidement sur un terrain difficile.
Évidemment, tout dépend de la définition d'« indispensable ». Quitte par exemple en bivouac à ne pas avoir de sac de couchage et à passer la nuit à grelotter !
De plus, Pierre est un passionné d'alpinisme qui rêve de devenir guide de haute montagne. Il a donc besoin d'un compagnon d'entraînement, prêt si nécessaire à sécher les cours du collège.
Ensemble, s'émancipant progressivement de la tutelle du scoutisme, ils vont explorer les parois environnantes, prenant rétrospectivement des risques importants.
Qu'il vente, pleuve ou neige, ils sont par monts et par vaux chaque semaine, suivant l'exemple de leurs idoles alpines qu'ils vénèrent par livres interposés.
Le tout proche Sud Vercors devient leur terrain de jeu favori. En cette fin des années soixante-dix, Presles et Archiane sont à la mode et un passage obligé pour qui veut faire ses preuves. Une cordée est née ! Bien que parfois, la corde ne serve pas à grand-chose...

▸ À Crussol avec Alain Deves au centre et Pierre Jamet à droite.
Finissant en haut d'une aiguille, ils avaient nommé cette voie *Le Doigt de Dieu* en référence au second sommet de la Meije.
Coll. Robert

« Quand j'ai débuté, j'étais sans le sou, je grimpais avec des chaussures bien trop grandes pour moi, encordé simplement autour de la taille comme cela se faisait des décennies auparavant, alors que les baudriers plus sûrs et confortables existaient déjà bien sûr mais Pierre avait décrété que c'était la manière la plus pure de grimper... Parfois, on grimpait même sans corde.
Ensemble, mais en solo. Ça peut sembler irresponsable rétrospectivement, mais comme on ne connaissait aucun autre grimpeur autour de nous, nous n'avions aucun repère, donc ça nous semblait normal !
Au bout d'un moment, c'est moi qui ai apporté un peu de sagesse dans nos aventures en imposant un matériel plus moderne car je voyais bien que ça nous apporterait plus de facilité et un peu de sécurité pour se lancer dans des choses encore plus difficiles.
Cette période fondatrice fut un passage initiatique, mais sans avoir conscience que nous faisions déjà des choses hors norme physiquement, techniquement et socialement.
Mon ami Pierre avait toujours tendance à sous-estimer les difficultés car ses repères étaient influencés par la littérature de montagne de l'époque, et il lui semblait impossible de se comparer aux "grands" de l'époque.
Maintenant, avec le recul, je comprends combien ce que nous faisions était dur, assurément du sixième degré, mais avec une sécurité quasi nulle !
Nous étions aveuglés par notre manque de références et le fait que nous considérions les alpinistes connus comme des demi-dieux.

Eux écrivaient des livres et nous n'étions que des gamins autodidactes. On s'inspirait de vieux manuels comme Glace, neige et roc de Gaston Rébuffat, une véritable bible pour nous !
À l'école, on lisait Premier de cordée de Frison-Roche. Une inspiration romantique d'accès à la montagne qui nous touchait à l'époque et qui n'existe sûrement plus de nos jours mais qui a certainement contribué à m'amener là où je suis. Pierre, plus âgé que moi, était une véritable force de la nature et donc le leader naturel pour toutes nos bêtises et aventures. Jusqu'au jour où c'est moi qui me suis retrouvé premier de cordée, tout simplement parce que, plus léger et plus agile, j'étais devenu techniquement meilleur.

Je passais là où lui ne pouvait plus passer en tête.
Mais, comme on manquait totalement de repères, on ne savait pas réellement ce qu'on grimpait.
Par jeu, on baptisait nos escalades des noms des montagnes les plus connues des Alpes et de l'Himalaya.
Rétrospectivement, nous engagions un maximum, comme on dit dans le jargon des grimpeurs.

▲ Alain avec un grand-duc qui va bientôt s'envoler, déjà l'amour de la nature dans toutes ses dimensions. Coll. Robert

Il y avait une grosse prise de risque parce que, avec tout ce que nous avions lu d'exaltant, l'escalade devait forcément être une activité dangereuse. Notre conception se résumait ainsi : la journée terminée, tu peux être content, tout simplement parce que tu es toujours en vie !
Une philosophie qui ferait hurler les éducateurs fédéraux car on se trouvait aux antipodes de l'optique actuelle où tous les organismes officiels vendent l'escalade comme étant une activité quasiment sans danger.
Aujourd'hui, je ne pense pas que je deviendrai un grimpeur car je suis plutôt un aventurier dans l'âme.
Rêver en couleur et vivre en noir et blanc, ce n'est pas frustrant, c'est complètement désespérant.
L'escalade agissait sur moi comme une thérapie : d'aussi loin que je m'en souvienne, je suis devenu grimpeur non par amour du sport mais pour la bravoure, le côté chevaleresque : mettre sa vie en péril. Et ça a marché !
J'ai découvert un univers grisant où je pouvais exprimer tous mes sentiments et me libérer de cette frustration.
Face à la paroi, ma petite taille était gommée, comme ce manque d'assurance avec les autres qui m'empêchait de bouger, comme si je traînais un boulet.
Bref, la multitude des peurs qui m'empêchait d'avancer dans la vie avec assurance disparaissait au contact de la pierre et de la verticale. »

Au niveau de Valence, c'est le Rhône qui délimite la frontière entre la Drôme rive gauche et l'Ardèche rive droite. Il suffit donc de traverser le vaste fleuve pour vite accéder aux falaises en contrebas des antiques ruines du château de Crussol, non loin de Cornas, un autre lieu qui jouera plus tard un rôle central dans la vie d'Alain.
C'est d'abord avec Pierre qu'il passe deux étés entiers à grimper sur ces petites parois, choisissant leurs itinéraires un peu au hasard, s'assurant aussi un peu au petit bonheur la chance sur ce rocher loin d'être parfait et immaculé. Ou parfois oubliant la corde au pied de la voie pour grimper en solo mais ensemble. On imagine la tête des randonneurs passant devant ce spectacle... L'école de la vie, celle dont on sort grandi si on y survit !
Puis un jour, les adolescents deviennent des hommes. Pierre part faire son service militaire avant de choisir une carrière dans la gendarmerie et Alain se retrouve grimpeur orphelin.
Au-dessus de son lit, un poster de Reinhold Messner a remplacé les images des grands alpinistes des années cinquante et soixante.
Dans ses Dolomites, le Sud-Tyrolien a dynamité les standards de l'escalade rocheuse, puis a appliqué son approche sportive et dépouillée à l'alpinisme puis à l'himalayisme, y réalisant chaque fois des exploits historiques tels que la première ascension de l'Everest sans oxygène ou la première en solo d'un sommet de plus de 8 000 mètres.
Il a aussi théorisé ses conceptions dans un ouvrage culte, *Le 7ᵉ degré*, qui est bien évidemment devenu le livre de chevet du jeune Valentinois.

▲ Reinhold Messner dans les années 1970, auteur du livre *Le 7ᵉ degré*, qui inspira Alain et des générations de grimpeurs. DR

Messner a construit sa légende en solitaire, ce qui ne manque pas d'inspirer Alain.
Mais il y a aussi ce mouvement initié depuis longtemps dans les pays anglo-saxons et qui est en train d'exploser en France grâce à Jean-Claude Droyer, puis Patrick Berhault et Patrick Edlinger : l'escalade libre, c'est-à-dire de n'utiliser que les aspérités du rocher pour s'élever, les pitons et la corde n'étant là que pour assurer sa sécurité et non pas pour progresser.

▲ Alain, à 18 ans, dans le passage-clé glaciaire de la voie *Jackson* en face nord des Droites (4 001 m). Cet itinéraire coté ED (Extrêmement Difficile) avait été ouvert deux ans auparavant et symbolisait le plus haut niveau en alpinisme du moment. Massif du Mont-Blanc - 1980. Coll. Robert

Un bref détour sur les parois englacées des Alpes, notamment dans la face nord des Droites, gravie en son temps par le dieu Messner en solo, le laisse un peu sur sa faim, le temps de s'apercevoir que son niveau technique est déjà supérieur à celui des glorieux aînés qui l'ont tant fait rêver. Alain est sûr d'avoir trouvé sa voie : ce ne sera ni la montagne, ni les études, ni même le travail, bien qu'il se trouve un premier job dans un magasin de sport. Ce sera le rocher, et de préférence seul.
« Rapidement, je revenais à Crussol, tout seul, sur ces 80 mètres de calcaire parfois mêlé de terre, de touffes de buis acrobatiquement accrochées à la paroi, de lavande et de thym. Je grimpais en solitaire, pour personne, ou plutôt non, pour moi.
La paroi se substituait à un miroir dans lequel je commençais à apercevoir quelqu'un ressemblant davantage à mes aspirations. Plus je me faisais peur, plus j'en sortais grandi, plus fort, plus fier également.
Ce fut une période de fondation de l'adulte que je suis devenu, en passant par tous les stades, avec cette notion de dangerosité qui faisait partie de la culture alpine de l'époque. Avec une dimension romanesque incontestable qui poussait les jeunes à suivre cette voie périlleuse. En tout cas, une forte inspiration pour le grimpeur que je suis devenu à évoluer sans corde pour retrouver cette forte composante de danger.
Aujourd'hui, les philosophies de l'alpinisme et de l'escalade sont devenues diamétralement opposées.
J'ai commencé à grimper avec cette optique montagne, mais maintenant la tendance est à considérer et à vouloir que l'escalade sportive soit une pratique la plus sécurisante possible. »

▲ Bivouac à Crussol pour se préparer aux grands projets alpins.

▼ En 1981, premières coupures de presse dans *Le Dauphiné libéré* pour sa grande traversée des arêtes de l'Oisans avec un groupe comprenant Louis Audoubert et Michel Mabilon. Coll. Robert

Alpinisme : une cinquantaine de sommets franchis en douze jours

Grande première dans l'Oisans pour le jeune alpiniste valentinois
A DIX-HUIT ANS, ALAIN ROBERT ATTEINT DÉJA LES SOMMETS

Il est malheureusement rattrapé par la malchance : un accident de ski, une activité où il se montre aussi casse-cou qu'en escalade, accompagné d'un brutal choc crânien, l'envoie directement à la case hôpital où on le diagnostique épileptique.
Une affection qui condamne forcément son avenir de grimpeur selon les médecins, un avis dont il ne va évidemment pas tenir compte. Un premier accident et un premier contact avec le monde médical qui préfigurent un avenir pas si radieux...
Vite rétabli et désormais en couple avec Nicole, sa future femme et mère de ses enfants, il se met en tête de gravir en libre une voie de la proche falaise de Cornas : *L'Abominable Homme des doigts*. Une voie, comme nous allons le voir, qui va bientôt occuper une place fondamentale dans sa vie.

Comme Alain, Laurent Jacob fut un grimpeur phare des débuts de l'escalade libre mais c'est aussi un médecin et un écrivain qui s'est notamment intéressé aux processus du vieillissement et, selon ses termes, « *à la manière que le vivant avait d'inventer sans cesse de nouveaux possibles* » (*Devenir centenaire !* aux Éditions ÉchoSanté, 2016).
Séjournant et pratiquant longtemps à Hong Kong durant les années deux mille, il s'est lié d'amitié avec Alain, s'intéressant autant à ses exploits qu'au personnage qui lui semblait parfaitement incarner ses recherches et ses théories. Car la vie tout entière d'Alain coche les trois points clés de ce que Laurent définit comme « *le refus du modèle imposé* » : « *D'abord, le refus catégorique de la pensée commune. Un proverbe indien le résume bien en énonçant que le choix d'une vérité ou son contraire, ça n'est toujours pas la liberté. La capitulation et la résignation sont au sens propre impensables. Il ne s'agit pas en effet de prendre un contre-pied systématique mais bien de prendre conscience que l'impossibilité à laquelle nous pouvons être confrontés suite à un accident n'est que relative et en aucun cas absolue. Elle est le reflet de l'époque, de la culture, de ce qui est considéré comme la normalité du moment. Puis la création de son propre modèle avec en toile de fond, parfois inconsciemment, la certitude qu'il existe une solution quelque part, même si elle n'est pas connue, même si elle remet totalement en cause le modèle "officiel". Enfin, accepter de s'abandonner librement à cette possibilité qui, par définition, dépasse le cadre du connu de l'époque, comme une confiance absolue dans la "vie", court-circuitant ainsi les barrières du mental.* »

Nous avons tous la nostalgie de ces expériences de prime jeunesse et d'adolescence, précieusement conservées dans notre mémoire, même désagréables ou dangereuses, mais qui nous ont construits.
Ce fut particulièrement le cas pour Alain.
« *Dans mon cas, je n'avais vraiment rien pour devenir un grimpeur, ni le physique, ni le mental.*
Je me suis sacrément battu pour en devenir un, et ce sont toutes ces aventures précaires et initiatiques qui m'ont transformé et permis d'apprivoiser ma peur du vide. Bien plus tard, gravir un gratte-ciel m'a permis de retrouver cette approche digne de la haute montagne. C'est comme s'approcher d'une paroi sans la connaître : rien n'est réussi et salvateur avant de se rétablir au sommet. On se retrouve encore avec le même logiciel mental, un compte à rebours contre la mort, ce qui reste incompréhensible pour les non-initiés, comme tous ces journalistes grand public simplement envoyés sur un événement en centre-ville et qui me perçoivent comme un fou furieux. On est totalement à l'opposé de ce que notre société nous vend quotidiennement : la sécurité, le confort et la consommation à outrance.
Une perspective qu'on relativise surtout lorsque, comme moi aujourd'hui, on habite ici à Bali, dans un pays du tiers-monde où les gens ont la vie dure et cherchent surtout à se la rendre plus aisée. Il s'agit avant tout de pouvoir nourrir sa famille et pas d'aller braver les dieux sur des montagnes ou des falaises interdites. »

Sur le pont du Gard. 2001. © Sam Bié

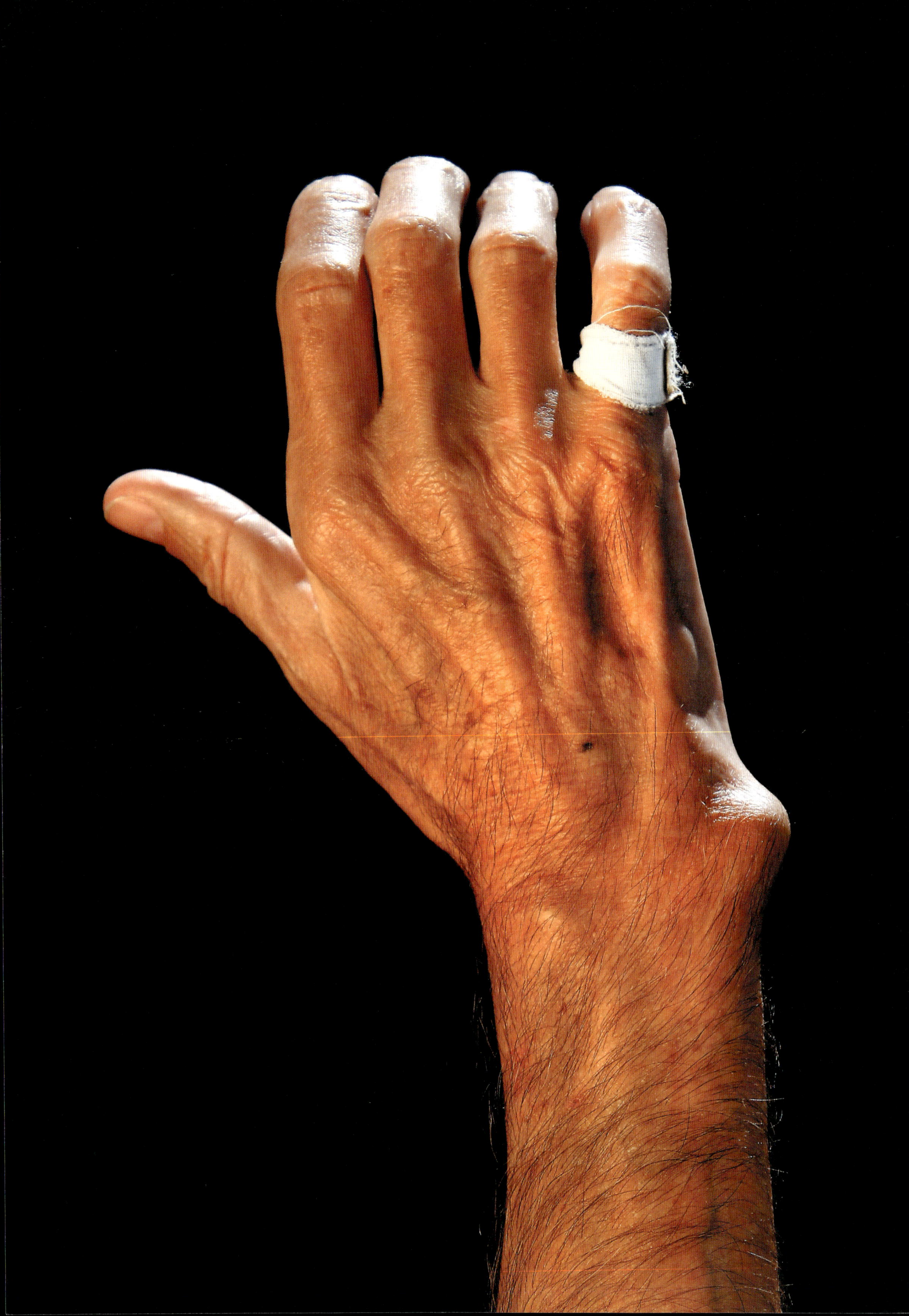

Souffrances ET RÉSILIENCES

Les événements en eux-mêmes ne sont ni bons ni mauvais.

C'est nous qui les rendons ainsi en fonction

du sens que nous leur accordons.

Docteur Laurent Jacob, *Devenir centenaire !*

◂ Le poignet droit d'Alain après ses accidents, fracas osseux et nerfs endommagés.
Un handicap avec lequel il a appris à composer.
© Philippe Poulet

MONTAGNE SAINTE-VICTOIRE, AIX-EN-PROVENCE, 1982

Alain a 19 ans. Il est désormais grimpeur professionnel au sens où l'escalade occupe toute sa vie et ses pensées. Il pratique ce qui est autant un sport qu'un mode de vie, d'ailleurs en pleine révolution.
Partout dans le monde, et particulièrement en Europe occidentale, une nouvelle génération surgit qui va bousculer les codes, les règles du jeu et les niveaux de difficulté : Wolfgang Güllich et Kurt Albert en Allemagne, Jerry Moffatt et Ben Moon en Angleterre, Jean-Pierre Bouvier et la bande des Parisiens en France (emmenée par les frères Antoine et Marc Le Menestrel, Jean-Baptiste Tribout, Laurent Jacob) et bien sûr les deux Patrick, Berhault et Edlinger, tous se rapprochent du huitième degré sur l'échelle de difficulté française qui fait désormais office de référence.
Les femmes ne sont pas en reste avec Catherine Destivelle et Lynn Hill outre-Atlantique.
C'est précisément en cette année 1982 qu'Edlinger devient mondialement célèbre grâce au film de Jean-Paul Janssen, *La Vie au bout des doigts*. Quasiment du jour au lendemain, il devient « L'Ange blond », voire « Dieu », alors que l'escalade libre, improprement renommée « à mains nues », se transforme en phénomène de société. Comme Edlinger, le jeune Valentinois pratique le solo intégral, si habilement mis en scène dans *La Vie*...
Son heure de gloire va-t-elle aussi sonner ?

Malheureusement, cette année magique pour certains va se transformer en *annus horribilis* pour lui.
Et ce dès le mois de février, alors qu'il est descendu vers le sud jusqu'à la montagne Sainte-Victoire, un site d'escalade historique remis au goût du jour par des pionniers locaux tels que Christian Guyomar, adepte comme Alain d'une grimpe « banzaï ».
Pour l'occasion, ce dernier grimpe encordé afin de pouvoir s'essayer aux difficultés maximales.

« *Je me découvrais chaque jour de nouvelles possibilités, réalisant que, sur le rocher, ma petite taille n'était pas un handicap.*
Les prises devenaient de plus en plus petites, la gestuelle de l'escalade s'apparentait de plus en plus à une danse où s'entremêlaient souplesse et puissance au service d'une progression verticale, fluide et maîtrisée.
Depuis quelques années à peine, la chute faisait partie du jeu, enrayée par la corde après quelques mètres de dégringolade. L'engagement, bien présent, laissait un petit goût amer dans la bouche de celui qui progressait péniblement au-dessus du dernier point mousquetonné, coincé entre le désir d'avancer plus haut et l'écart qui se creusait peu à peu, allongeant de manière exponentielle l'hypothétique chute, jusqu'à remettre les pendules à zéro au prochain piton. Et recommencer à nouveau, jusqu'au sommet... »

Après la réussite de voies de 7b, la logique de la difficulté conduit Alain à essayer le *Médius*, autre voie du moment du secteur phare des Deux Aiguilles, particulièrement connue pour son engagement.
Cette escalade en dalle avait été libérée l'année précédente au niveau 7c par Jean-Pierre Bouvier.

Pour éviter les chutes à répétition, il décide de poser la corde en moulinette, c'est-à-dire au sommet de la voie, afin d'être toujours en second durant la découverte et l'apprentissage des mouvements.
Sage précaution qui relevait du simple bon sens mais arrivé au sommet, il passe directement sa corde dans des anneaux de corde au lieu d'un mousqueton avant de se faire descendre.
Erreur fatale, digne d'un débutant...

Alors que, suspendu à la corde, il commence à découvrir ce fameux *Médius*, la friction entre les matériaux synthétiques de la corde et des anneaux génère une forte chaleur qui fait fondre ces derniers et les brise net.
Résultat : 20 mètres de chute libre au sol...
En escalade sportive, les accidents sont certes très rares car le matériel a beaucoup évolué et, même au début des années quatre-vingt, nous sommes très loin des pionniers dont les cordes en chanvre pouvaient casser au moindre choc.
La vérité, c'est que 99 % des accidents sont dus à des erreurs humaines et que personne n'est à l'abri d'un mauvais jugement ou d'une inattention, même les professionnels les plus aguerris.

▸ Haut lieu de l'escalade, la montagne Sainte-Victoire s'étend à l'est d'Aix-en-Provence et culmine à 1 011 m.
© Sam Bié

ERREUR FATALE *digne* D'UN DÉBUTANT

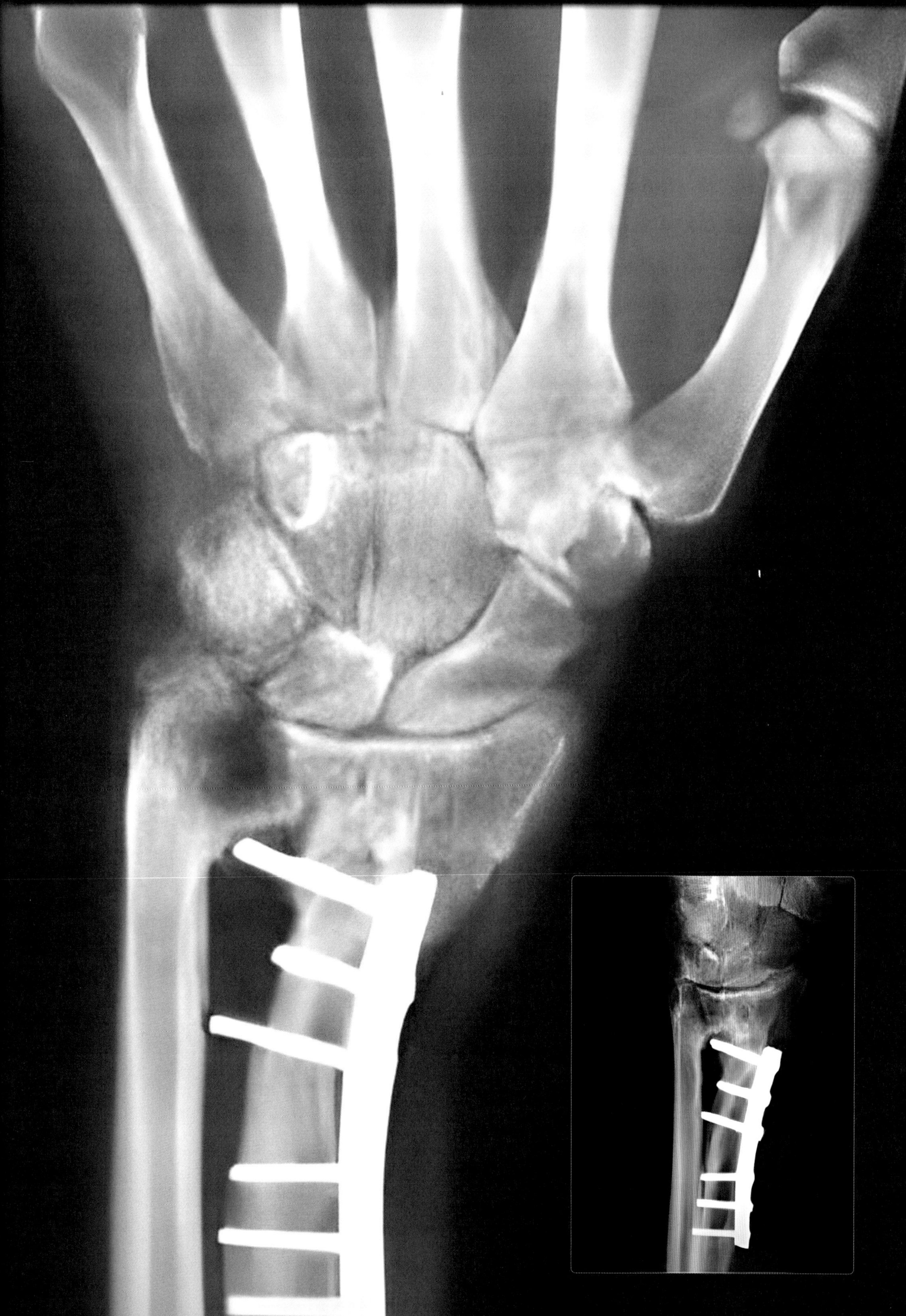

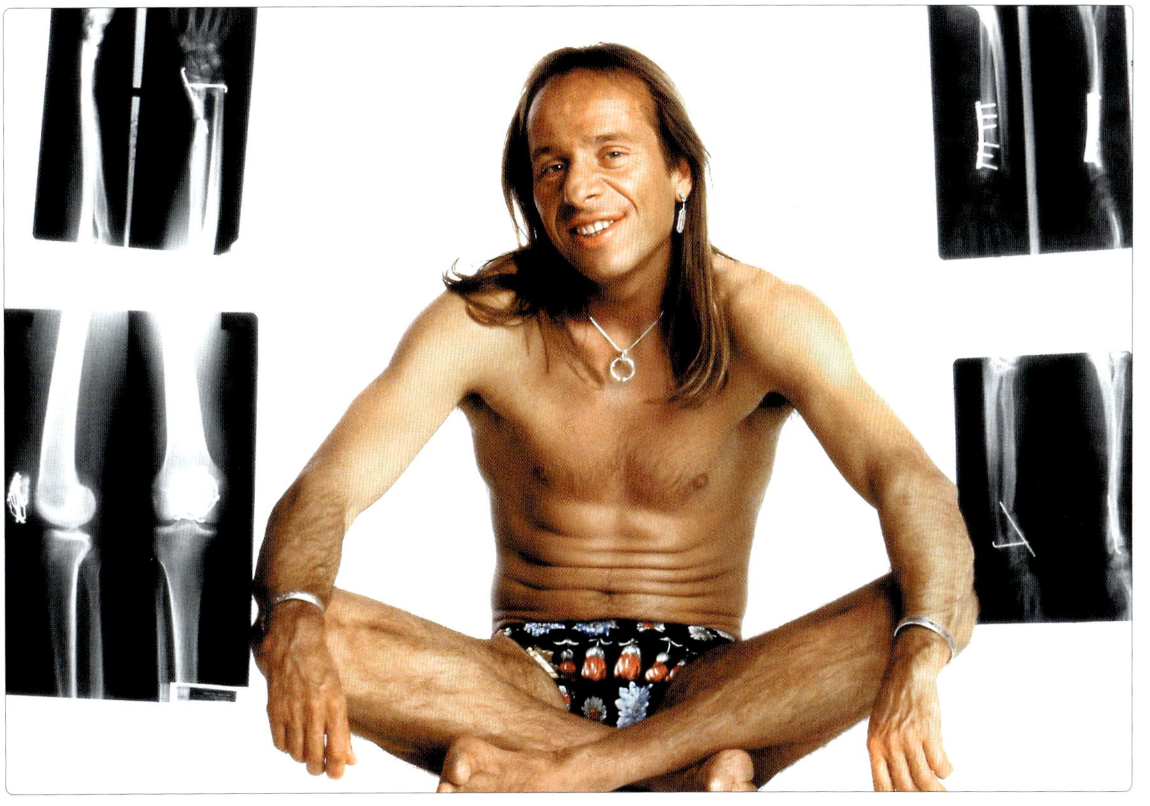

« D'abord l'apesanteur, le refus. Retarder l'inexorable. Retenir son corps comme on retient son souffle.
Une seconde qui s'allonge, le temps qui s'arrête et qui reprend inexorablement son cours, si vite. Trop vite...
Et l'impuissance, l'horrible sensation de comprendre ce qui se passe, cette implacable logique. Et le noir. L'oubli...
Vingt mètres plus bas, je gisais inconscient sur le sol, le visage dans cette terre mêlée de cailloux, sous un genévrier, comme si une sieste m'avait emporté, à la provençale...
Trente minutes de nuit avant que le corps ne se réveille à nouveau, que la mémoire reprenne le cours de l'histoire. La douleur aussi.
Pour rejoindre Puyloubier, le village le plus proche, et les secours, il faut du temps. Allongé avec quelques grimpeurs à mes côtés, j'attendais comme dans une bulle. Je sais déjà qu'un de mes poignets est brisé, comme mon nez, écrasé, qui me vide de mon sang.
Pour le reste, je ne sais pas. Pas encore.
Position de survie. Impression fugace que dans ce paysage idyllique, la mort se terre derrière chaque buisson, aux aguets, prête à bondir.
Ma vue se voile. Brouhaha des sauveteurs, enfin arrivés. Sentiment de pouvoir enfin se laisser aller, maintenant que d'autres décident de mon sort.
Douce sensation de la piqûre, à l'hôpital, évanouissement, abandon maîtrisé par les médecins qui s'affairent à réduire mes fractures... »

◂ ▴ Des radiographies éloquentes...
Coll. Robert

Le lendemain, Alain refait surface dans une chambre de l'hôpital de Valence, affublé de deux plâtres.
L'accident aurait pu s'avérer mortel, il s'en tire avec des fractures du nez et du radius, qui sont les plus spectaculaires mais pas les plus ennuyeuses.
En revanche, celles du calcanéum, au talon, et du scaphoïde, au poignet, deux petits os compliqués, lui imposent trois mois d'immobilisation.

*« Et puis quoi ? J'étais vivant, même pas si mal en point...
Le moral n'était pas touché, à peine écorné d'avoir commis une grossière erreur de débutant qui allait me priver d'escalade alors que je progressais de jour en jour et que le printemps me réservait d'autres satisfactions qu'une laborieuse rééducation.
Deux semaines d'attente à l'hôpital, avant de pouvoir regagner mon foyer, me sentir un peu moins handicapé, revoir mes amis, aller saluer mes collègues de travail au magasin de sport où je m'occupais du rayon montagne-escalade. »*

▲ À Buis-les-Baronnies, l'immense lame calcaire du Rocher Saint-Julien, une falaise phare des débuts de l'escalade libre. © Sam Bié

Un mois après sa chute, il recommençait timidement à grimper. Avec deux plâtres, l'affaire n'était pas aisée, d'autant que l'on venait de lui découvrir une ostéite, une infection osseuse sûrement due à la plaque posée pour réduire la fracture du calcanéum.
Retour sur le billard, sans réelle conséquence, mais qui allait retarder d'autant son retour à la grimpe.

« *Je pus enfin partir à Buis-les-Baronnies, superbe site de la Drôme provençale, où une lame de rocher blanc étonnamment ciselée surgit du sommet des collines dominant ce village typique.*
La marche d'approche, déjà délicate en temps normal, se transforma alors en une véritable expédition avec mes deux béquilles. Me voyant patiner dans le sentier, les quelques grimpeurs du secteur me regardaient de travers.
À leur place, j'aurais sûrement réagi à l'identique.
Mais je voulais grimper, bouger, faire comme si…
Ce fut probablement l'une des périodes les plus riches de ma vie, un tournant, ou plutôt la croisée des chemins, ma première véritable rencontre avec le libre-arbitre.
Devant moi, plusieurs chemins s'ouvraient : celui de la logique, le plus facile et le mieux entretenu, c'est-à-dire l'itinéraire conseillé par les médecins, celui de l'abandon que je n'ai jamais accepté, et le mien, vague sente mal tracée car très peu fréquentée mais si directe, tirée au cordeau.
J'aurais pu choisir une autre route, revenir sur mes pas…
Ces quelques semaines m'avaient ouvert les yeux :
là où il y a une volonté, il y a un chemin… »

BIS REPETITA, CORNAS, SEPTEMBRE 1982

« Six mois exactement après le grand vol, j'ai recouvré mon niveau d'avant. Maintenant, les choses sérieuses peuvent commencer, d'autant que ces six mois n'auront pas été vains : j'ai sécurisé ma relation avec Nicole et nous vivons désormais ensemble.
L'été brûle encore les falaises mais en jouant avec les orientations, il est possible de faire des performances. Après ce break imposé, j'enchaîne les voies comme un mort de faim. Deux mois à fond, deux mois de folie.
Question finance, la sécurité sociale devient mon premier sponsor, m'offrant une vie d'étudiant qui n'étudierait pas. Mon pouce est ma voiture, les granges et les prés mes hôtels particuliers.
Du Luberon au Verdon, je traîne mes chaussons d'escalade partout où les voies à la mode ont fleuri, où de nouveaux challenges ont été récemment équipés.
Il y a tellement de rochers vierges en Provence, tellement de choses à inventer ! Une vie n'y suffirait pas...
Après plusieurs semaines loin de Nicole, je rentrais à Valence. Heureux. Que demander de plus ?
Un petit "plus" dans la cotation d'une voie ?
Tout ça est si futile. Ce n'est pas la simple performance qui fait de l'escalade le plus beau sport du monde mais l'enrichissement personnel, la sensation d'accomplissement total que procure la réalisation d'une voie en bon style. »

Quand, à la fin des années soixante-dix, Alain, encore adolescent, se lance pour la première fois avec un son ami Pierre Jamet dans l'ouverture d'une voie d'escalade, l'idée, c'est de ne pas reprendre ce qui a déjà été parcouru mais de tracer son sillon sur une ligne vierge. Avec de vieux pitons, un matériel absolument inadapté et un minimum de sécurité, ils jettent donc leur dévolu sur la face blanche et déversante de la Grande Creuse, au-dessus des voies classiques et faciles de la falaise-école de Cornas.
Bien plus tard, Alain envisage la voie différemment, il l'équipe de manière plus moderne et la baptise *L'Abominable Homme des doigts* mais la gravir en libre lui semble encore futuriste pour son niveau de l'époque.
Il essaie d'abord de passer avec le moins de points d'aide possible puis arrive à l'enchaîner en second mais faire de même en tête, c'est une autre histoire :
« Vingt-cinq mètres de rocher pour quatre mètres d'avancée horizontale, une voie déversante, peu classique à l'époque. Mon nouveau challenge encordé, plus dur à coup sûr que tout ce que j'avais pu grimper auparavant. Après de multiples essais, je tombais toujours dans le crux, le passage-clé, sûrement plus délicat que le reste de la voie et également placé en fin de course, alors que les muscles sont déjà fatigués, gavés d'acide lactique. »
Cet *Abominable* lui résistait.
Nouvelles méthodes, nouveaux échecs.
Trouver la faille, trouver et travailler la bonne séquence de mouvements pour surmonter le passage, l'apprendre sur le bout des doigts afin d'optimiser l'escalade mais aussi l'effort nécessaire à chaque déplacement de main pour s'économiser autant que possible, voilà l'équation à résoudre.
Chaque jour Alain retournait à Cornas, persuadé que ce serait enfin le jour de l'accomplissement, qu'il allait enfin pouvoir mousquetonner le relais jetant alors un regard vers le bas, sourire aux lèvres, enfin apaisé.
Rien n'y faisait : il échouait continuellement sous le relais salvateur, à quelques encablures du bonheur !
Ces trois derniers mètres se dressaient comme un rempart infranchissable...

Le 29 septembre, même rituel : échauffement dans une falaise voisine de Cornas avant de tenter à nouveau sa chance dans *L'Abo* à raison de trois essais maximum par jour. Il faisait beau, comme toujours en septembre. Un groupe de jeunes de Jeunesse et Sports s'activait dans la bonne humeur au pied de la falaise.
Des débutants qui lui demandèrent de fixer leur corde en moulinette au sommet d'une voie pour leur éviter de la réaliser en premier de cordée, jeu bien plus délicat qu'en second.
Alain, par gentillesse, accepte et prend leur matériel.

« Parvenu au sommet, je posai sur le relais le mousqueton relié à une sangle où l'on fixe ensuite un autre mousqueton qui emprisonne la corde.
À cause des frottements contre les rochers saillants du plateau sommital, les grimpeurs utilisent des sangles pour déplacer le point d'ancrage afin que la corde coulisse sans trop de contraintes.
Aujourd'hui, le relais serait placé directement sous le sommet, pour éviter un frottement inutile contre l'arête du plateau. Je passai la corde dans le mousqueton, vérifiant sa position pour que le doigt ne puisse s'ouvrir par inadvertance au contact d'un rocher saillant, puis je lançai l'autre brin dans le vide.
Les deux extrémités de la corde touchant le sol, je pus entamer la descente en rappel.
Depuis mon précédent accident dû à ma négligence, je vérifiais par deux fois chaque manipulation de corde.
Je me croyais en sécurité.

Une dernière blague en direction des gamins, un dernier coup d'œil au paysage alentour, à la Goule, petit ruisseau qui serpente au pied de la falaise, à la vallée du Rhône, plus loin en contrebas, au second plan, et je basculai. Et pour basculer, j'ai basculé !
Au lieu de sentir l'amical soutien de la corde, tout a giclé ! Je suis parti en arrière, tête la première, sans rien comprendre. Alors pourquoi ? Et le vide comme réponse...
Plus tard, j'ai appris que les jeunes s'étaient auparavant entraînés à réaliser des nœuds de sangle sur l'anneau qu'ils m'avaient tendu. Manifestement, une leçon n'avait pas bien été apprise... »

TENTER DE LUI REDONNER *l'usage* DES MAINS

Après 15 mètres de vol, un réflexe de survie lui fait porter ses coudes et ses mains au-devant de la dalle de calcaire inclinée qui croise sa trajectoire.
Ils font ainsi office d'amortisseurs. Sa course continue plus loin dans la pente et quasiment jusqu'à la route, contribuant aussi à amoindrir l'impact.
Cette conjonction de paramètres lui sauve probablement la vie, mais ses paumes se déchirent et les os du poignet explosent immédiatement en mille morceaux.
Il est certes vivant mais l'accident est encore plus grave que celui de la Sainte-Victoire.
Cinq jours de coma après avoir perdu 40 % de son sang et un pronostic vital très engagé, des fractures ouvertes et extrêmement complexes des deux avant-bras (radius et cubitus), fracture et luxation de la tête radiale du coude droit, fracture du bassin, paralysie par compression du nerf cubital, fracture du nez, œdème cérébral, infections et diverses autres petites blessures...
Deux mois d'hôpital. Trois opérations successives pour tenter de lui redonner l'usage des mains, même si les chirurgiens ne lui laissent guère d'espoir de recouvrer l'intégralité de ses moyens. Quant à l'escalade, mieux valait l'oublier selon ces derniers.

« Que pouvais-je espérer d'autre en voyant s'écouler de mes poignets ce liquide blanchâtre et suppurant ?
Peut-être un jour tenir moi-même ma fourchette, pouvoir enfin tourner le loquet d'une porte, bref, être à peu près autonome...
Paradoxalement, le moral restait bon. J'étais en vie !
En l'espace d'un an, c'était la seconde fois que je tombais de l'équivalent du quatrième étage d'un immeuble sans y laisser la vie ! Comment, dans mon malheur, ne pas se satisfaire de cette chance ? »

◂ Du sommet de la falaise de l'Escalès, le Verdon étire son sillon argenté des centaines de mètres en contrebas. Des lieux qui ont accompagné Alain toute sa vie.
© Sam Bié

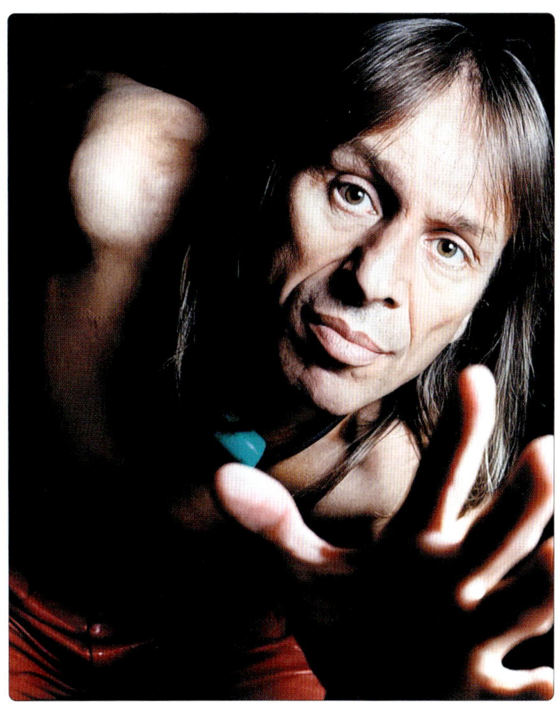

Mais il y a parfois des histoires qui débutent par un, ou plutôt des accidents. Jeune grimpeur drômois prometteur, Alain Robert est victime au début des années 1980 de deux chutes qui le laissent gravement handicapé.
JE CRAINS QUE VOUS NE PUISSIEZ PLUS JAMAIS GRIMPER...
Contre toute attente, il revient au plus haut niveau, réussissant notamment d'impressionnants solos intégraux.
J'ENVERRAI LA PHOTO AU MÉDECIN !
Il se spécialise alors dans cette discipline très marginale où toute erreur peut être fatale. Comme en 1991, dans La Nuit du Lézard, un 8a+ à Buoux (Luberon) présentant des mouvements très aléatoires.
AH, JE PERDS LE PIED...
OUF ! JE PEUX ME RETENIR SUR CE MONODOIGT !
Au Verdon, dans Polpot (7c+), sa petite taille l'oblige à effectuer un mouvement dynamique dans le passage clé, le cauchemar de tout soliste. Personne ne prend autant de risques que lui.
C'EST QUITTE OU DOUBLE...
Désireux d'explorer de nouveaux horizons, il a l'idée d'utiliser son talent et son audace sur des gratte-ciel. Il devient alors le spécialiste des ascensions solitaires.
CES RAINURES D'ACIER FORMENT D'EXCELLENTES PRISES ET LES PIEDS ADHÈRENT BIEN SUR LES VITRES. IL SUFFIT D'Y CROIRE !

L'ESPOIR AU-DELÀ DE LA DOULEUR

Gérard Hoel, chirurgien orthopédiste et spécialiste de la main, était le chirurgien de garde à l'hôpital de Valence ce 29 septembre 1982 quand une bande d'excités débarqua aux urgences : « *Ils hurlèrent que le meilleur grimpeur français venait d'avoir un accident et qu'il fallait le remettre en état.* »

Il n'avait jamais vu des poignets si endommagés :
« Au vu des clichés radiographiques des traumatismes d'Alain, je le voyais plutôt finir ses jours dans un fauteuil, devant la télévision, à faire des mots croisés.
Connaissant ses lésions, c'est ce qui aurait dû advenir...
Avec ma formation de chirurgien de la main, j'aurais aimé m'occuper immédiatement de lui mais la procédure obligeait à transférer les comateux à l'hôpital de Grenoble.
Ce n'est que plus tard que j'eus à l'opérer à plusieurs reprises.
Ses poignets, les articulations les plus complexes du corps humain, étaient si abîmés que seule l'image d'un puzzle peut exprimer ce que l'on voyait sur les radios.
Alain avait des fractures multifragmentaires, avec déviation et raccourcissement des axes des avant-bras, impliquant à coup sûr de gros risques sur la fonction et des difficultés opératoires certaines...
Je ne pouvais alors que souhaiter bon courage à celui qui allait l'opérer tant il aurait du pain sur la planche.
Au final, Alain n'est pas un miraculé de la chirurgie.
Ses fractures ont été réduites, puis d'autres opérations ont été nécessaires pour finaliser le travail, mais ses deux poignets restaient dans un état pitoyable, comme j'avais pu le diagnostiquer dès son arrivée à l'hôpital.
Ce qui rend son histoire encore plus exemplaire, c'est la capacité avec laquelle il a su s'adapter à son handicap, la motivation avec laquelle il a travaillé pour surmonter ce coup dur. Évidemment, qu'il ait ensuite grimpé des buildings en solo donne encore un autre éclairage à son histoire... Personnellement, sa médiatisation m'a aidé à motiver des patients qui se lamentaient sur leur cas, même si leurs poignets étaient nettement moins touchés dans leur fonction que les siens.
Pour surmonter ce handicap, il faut de la force de caractère, mais ceux qui veulent s'en sortir le peuvent.
Certains se laissent aller à la mélancolie, d'autres maudissent les chirurgiens qui les ont trop bien réparés, leur interdisant de bénéficier d'une maigre pension, et les derniers se motivent pour reconstruire un projet, s'adapter à cette nouvelle vie.
Le cas d'Alain est exemplaire en ce sens.
Alain a gagné sa vie. Au propre comme au figuré.

◂ Extrait de la bande dessinée *Il était une fois l'escalade* (Les Arènes BD - Les Éditions du Mont-Blanc).

Le radius ayant été plus abîmé des deux côtés que le cubitus, il a été raccourci. Normalement, le radius est plus long que le cubitus, ce qui décale légèrement les mains vers l'extérieur.
Dans le cas d'Alain, les mains déportent vers l'intérieur, ce qui réduit énormément leur mobilité.
Avec les techniques actuelles, il aurait sûrement moins perdu, mais ses os étaient tellement touchés qu'il a bien fallu faire avec. On ne pouvait pas rallonger les radius.
Dans le cas d'une fracture, si l'anatomie a été retrouvée, on repart avec un os neuf, aussi résistant qu'auparavant. Il n'y a donc pas de risques de sur-accident.
Pour une articulation, en revanche, il est toujours plus délicat de se prononcer, sa complexité pouvant engendrer des douleurs chroniques, voire des gênes dans la fonction.
Lorsque j'ai vu les poignets d'Alain, la question ne se posait même pas : il ne s'agissait pas de refaire du neuf mais de sauver les meubles, de réparer ce qui pouvait l'être.
L'escalade en tant que telle n'était pas un problème.
Après la chirurgie, c'est même une excellente rééducation. Si l'on veut garder ses os en bon état, il faut leur imposer des contraintes.
C'est le problème des astronautes : en apesanteur, ils ne sollicitent plus leur squelette qui se fragilise.
Alain a donc eu raison de recommencer l'escalade après ses multiples fractures.
Ce qui est plus exceptionnel, c'est la manière avec laquelle il a pu adapter son corps amoindri pour en tirer toujours plus, contourner les handicaps avec les moyens dont il disposait encore plutôt que de buter contre les mouvements qui lui étaient dorénavant interdits.
Dans ma carrière, je n'ai pas été confronté à d'autres cas aussi spectaculaires.
Comment a-t-il pu retrouver, et même dépasser le niveau dans l'art de grimper aux murs lisses qu'il avait atteint avant cette terrible chute ?
Chute qui aurait dû le laisser infirme !
Et infirme, il l'est... Sur le papier.
Ses poignets restent d'amplitudes limitées, ses coudes ne s'étendent plus complètement, réduisant l'allonge des membres supérieurs.
Les deux os des avant-bras ne s'enroulent toujours pas l'un autour de l'autre et il ne peut donc plus orienter les mains comme il le voudrait, ni même déplier complètement certains doigts dont les nerfs ont été comprimés trop longtemps.

Comment saisir fidèlement une petite prise avec de tels abattis et avoir l'audace de leur confier sa propre vie lorsqu'il y a de l'engagement, du gaz ?
Je cherche en vain une explication rationnelle, anatomique, satisfaisante pour l'esprit mécanicien du chirurgien des membres...
Comment fait-il pour dépasser les possibilités naturelles de compensation de ses articulations hors service ?
Les solutions ne se lisent probablement pas dans les traités de physiologie articulaire ni dans les livres de techniques chirurgicales, mais peut-être dans ces pages.
Au fur et à mesure de nos rencontres, Alain m'a suggéré quelques pistes. Sans déflorer ses réflexions, j'ai cru comprendre qu'il s'agissait d'une philosophie propre.
A-t-on plusieurs vies ?
Au pire, nous n'en avons qu'une, alors il faut la remplir au mieux avec ceux que l'on aime, à faire ce que l'on aime.
Pas de temps à perdre à l'horizontale d'un lit d'hôpital si l'on a choisi la verticale.
Après coup, je comprends mieux pourquoi et comment il m'a convaincu de le laisser essayer de marcher précocement malgré sa fracture du bassin.
Chaque fois que l'on tentait une intervention chirurgicale, il sollicitait mon approbation pour la mettre au plus vite au banc d'essai sur le rocher, acceptant les conséquences de ses audaces.
La douleur ? Ce n'était pas son problème, car il l'accueillait en tant que prix à payer, mais également comme indicateur de limites, un voyant rouge naturel.
Victime n'est pas un qualificatif qui convient à Alain Robert, car, au cours de cette saga chirurgicale, il n'en a jamais eu le comportement pernicieux.
Jamais il n'a cherché les responsabilités, les mises en cause, les compensations financières, les bénéfices potentiels, l'invalidité salvatrice.
Pas le temps, ni lui, ni moi... Pas de forces à gaspiller dans ces détournements de l'énergie curatrice.
Au diable les descriptifs initiaux et autres certificats pour servir et faire valoir ce que de droit !
Je tire d'abord le meilleur profit de mes fonctions restantes pour réaliser, malgré l'adversité, mon projet de vie. Telle est probablement la leçon la plus probante qu'il nous donne par ce témoignage.
La quête de guérison ou, plus exactement, celle de la compensation fonctionnelle de lourdes déficiences reste prioritaire. Elle était en lui et en lui seul.
Qui aurait pu lui permettre une telle évolution ?
Les tribunaux, avocats, expertises, certificats, assurances, bons de transport ? Même s'il y avait droit !
Alain Robert reste une énigme, celle d'un excellent résultat fonctionnel malgré un résultat anatomique et chirurgical médiocre. Je lui avais formulé un mauvais pronostic et il s'est ingénié à me donner tort, ce dont je le remercie aujourd'hui. »

ALAIN ROBERT RESTE UNE *énigme*

Après ses accidents de 1982, Alain devient plus détaché face aux diagnostics médicaux.
S'ils vont dans le bon sens, il s'appuie dessus pour récupérer ses moyens, et si c'est le contraire, il en tire une motivation supplémentaire pour les contredire : *« C'est dans la tête que tout se passe, soit on essaie de progresser vers un objectif, aussi ténu soit-il, soit on s'enferme dans des pensées négatives et on finit par abandonner. Par exemple, le kiné s'émerveillait de mes progrès mais ses références en la matière étaient celles de patients "ordinaires", qui n'étaient pas des sportifs surentraînés.*
Sans ces accidents, je serai peut-être devenu un grimpeur de haut niveau classique, plus dans l'extrême difficulté encordée, bien meilleur que ce que j'ai pu atteindre. Mais peut-être pas un soloïste, puis Spiderman aux yeux du monde entier.
J'ai survécu à tout cela pour me reconstruire et devenir un autre, encore plus fort.

▸ En 2022, de retour au Verdon après deux décennies loin des falaises, malgré des débuts difficiles, les sensations du rocher reviennent peu à peu.
© Philippe Poulet

Et ça n'est jamais fini, puisqu'en 2018, je me suis encore battu contre une possible amputation d'une main : une banale bousculade dans la rue a provoqué une infection au poignet... Cela ne m'a pas empêché de continuer à grimper et à vivre mes projets.
Ce qui me vient toujours à l'esprit dans ces moments difficiles c'est : pas question d'abandonner ou de lâcher prise. Au final, une destinée pour le meilleur puisque, depuis, j'ai pu m'amuser toute ma vie grâce à cela ! »

Laurent Jacob, ce médecin et grimpeur passionné que nous avons déjà évoqué, a lui aussi été très tôt sensibilisé aux processus de guérison et aux expériences de « remise sur pieds ». Notamment à la suite d'accidents durant sa jeunesse, dont une grave chute au sol en solo intégral détruisant ses chevilles.
Une thématique commune donc avec les expériences d'Alain Robert : les mécanismes tant mentaux que biologiques qui sous-tendent cette capacité de la vie, des êtres vivants, à trouver des solutions.
Sa conclusion de quarante ans d'exercice de la médecine est que ces mécanismes sont présents chez chacun d'entre nous et ne demandent qu'à être activés, mais, et c'est un point capital, ils doivent d'abord être mis en lumière, leur existence doit être expliquée, démontrée, afin qu'un jour ils fassent partie d'une nouvelle normalité :
« *Nous avons tous la capacité de choisir délibérément la "réponse" que nous allons donner à un événement, fût-il traumatique.*
Nous avons le pouvoir de l'orienter favorablement de manière créative, en fait nous avons toujours le choix, et ce choix est un véritable pouvoir : celui de dépasser l'invalidité et nos prétendues impossibilités.
C'est de ce pouvoir personnel dont il est question ici, pas d'un pouvoir sur les autres ni d'asservissement, mais d'un pouvoir de libération, un pouvoir qui, rendu à chacune et chacun, lui permette de choisir en toute conscience la voie de la guérison. Ainsi l'enfermement et l'absence de solutions sont d'abord dans notre tête, et bien souvent nous abandonnons avant même d'avoir essayé, même si les clés de la liberté sont à notre portée et que quelque part, pas très loin, un soleil brille...
C'est bien là le rôle du héros comme Alain, qui est un laboureur des idées reçues, un défricheur qui nous montre que d'autres chemins sont possibles.
Le héros évolue à la marge des statistiques, des prévisions en tout genre : il est hors cadre.
Quels que soient les obstacles auxquels nous sommes confrontés durant notre vie, si nous voulons écrire notre propre histoire personnelle, devenir le héros de notre vie, portés par notre foi en cette existence, nous pouvons jouer à inventer une suite, sans nous limiter à ce qui existe déjà. »

Si le terme résilience, cette capacité à surmonter des chocs traumatiques, semble parfaitement s'appliquer à Alain Robert, le docteur Jacob ne voit pas forcément les choses de cette manière :
« *Généralement, la résilience est considérée comme ayant sa source dans le psychisme de la personne.*
Ce dont il est question ici est de tout autre nature.
Il s'agit de souligner le fait que pour comprendre et introduire l'extra-ordinaire *dans nos vies, il nous faut faire un effort pour sortir de nos schémas mentaux automatiques ou, tout du moins, accepter qu'ils soient beaucoup plus vastes que ce que la plupart d'entre nous pensent qu'ils sont. Nous pourrions appeler cela une foi inébranlable en la vie au sens large, pour ôter à ce terme toute connotation religieuse.*
Les cas "hors du commun" pris ensemble, et ils sont légion si l'on veut bien se donner la peine de les chercher, nous montrent que l'extra-ordinaire *peut se révéler à nous dans certaines conditions.*
Certes ces conditions ne sont pas encore parfaitement connues mais "les faits sont têtus" et nous ne pouvons nier l'existence de ces cas dérangeants pour la médecine traditionnelle. »

Au terme de sa rééducation, un médecin expert pour la Sécurité sociale dut calculer le taux d'incapacité d'Alain. Jean-Pierre Trouiller parvint à un total de 60 % en accident du travail pour 40 % en droit commun – pour comparaison, un paraplégique tourne autour de 70 % :
« *Une personne ayant eu les mêmes traumatismes obtiendrait un taux équivalent, mais l'état séquellaire d'Alain est spectaculairement bon, ses escalades l'attestent.*
Si l'on s'en tient au barème, à l'aspect purement médical, Alain aurait dû recevoir une pension équivalente à son handicap.
En revanche, si l'on s'arrête à ses exploits, il faut reconnaître que ce pourcentage était surévalué.
C'est un peu l'étoffe des héros, une capacité à dépasser ses limites que l'on retrouve chez les grands champions.
J'ai vu d'autres exemples de ce type, notamment chez les skieurs, comme Luc Alphand. Avec ses genoux fracassés, il a gagné la Coupe du monde alors que son état lui valait de 15 à 20 % en droit commun et 30 % en accident du travail. »

Ce taux d'invalidité permettrait à Alain de bénéficier d'une pension, mais il lui a toujours semblé impossible d'y prétendre tout en étant athlète de haut niveau.

▸ Alain croqué par le dessinateur suisse Jaques Vallotton (2024).

Seul FACE AU ROCHER

Le solo intégral, c'est l'escalade suprême

Patrick Edlinger

◂ Alain en solo dans *L'Ange en décomposition* (7a).
Gorges du Verdon - 1998.
© Sam Bié

REVENIR D'ENTRE LES MORTS

L'année suivante, 1983, va être celle du rétablissement, une longue période de rééducation et de reconstruction à la fois physique et morale.

« Au début c'est la misère, je réalise véritablement à quel point je suis fracassé quand je rentre chez moi et que je ne peux même plus ouvrir un robinet ou tourner la clé dans la serrure...
De plus, en discutant avec mes amis présents le jour de l'accident et qui m'avaient conduit à l'hôpital, j'ai réalisé que Jeunesse et Sports avait profité de mon coma et de leur naïveté pour leur faire signer un papier certifiant que la sangle qui avait cédé faisait partie de mon matériel et pas de celui de J&S, et que c'était moi qui avais proposé de leur poser la corde, alors que je n'avais fait que répondre à leur demande...
Cela m'a empêché d'être indemnisé par eux, comme ç'aurait dû être le cas.
Plus tard, un futur dirigeant de J&S m'a promis qu'il m'aiderait à ce que justice soit rendue, mais je n'ai ensuite plus jamais entendu parler de lui.
Une première mauvaise expérience, le pot de terre contre le pot de fer, qui a certainement contribué à faire de moi un rebelle contre le système et l'ordre établi. »

Une fracture du bassin l'empêche carrément de marcher les premiers mois.
Regrimper reste son ultime désir, mais ses poignets sont tellement bloqués et douloureux que cela semble une chimère.
Pourtant, peu à peu, s'ouvre la perspective de pouvoir reprendre des escalades très faciles ou en dessous de la verticale, avec des efforts prédominants sur les jambes. Sans le savoir, Alain s'applique à lui-même la méthode des petits pas que le docteur Jacob définit ainsi : « *ne jamais se fixer autre chose qu'un petit objectif atteignable avant de passer au suivant* ».
C'est d'abord son couloir, puis les murs de son appartement sur lesquels il fixe des tasseaux de bois en guise de prises.

Nouvelle étape : un simple mur de galets à l'angle de sa rue sur lequel il recommence à s'entraîner plus sérieusement, quitte à passer pour un fou furieux auprès de ses voisins, et qui va lui permettre de renouer avec des premières réelles sensations de grimpe.
Sur ce banal mur d'à peine deux mètres cinquante de hauteur, les heures défilent à force d'insérer le bout des doigts et la pointe des pieds dans les interstices, avec un seul objectif : se reconstruire.
La première fois, juste impossible de se tenir puis, peu à peu, commencer à lâcher un bras pour avancer.

Progresser sur ce mur devient une obsession, associé à un entraînement à domicile, à base de tractions.
« Un lent et douloureux mieux, puis l'escalade à nouveau, doucement d'abord, simplement pour m'aérer, puis davantage après, pour atteindre des sommets, des buts fixés sur un lit d'hôpital, quelque douze mois plus tôt.
Cette année de sieste forcée m'avait engraissé.
J'avais perdu ma masse musculaire.
Une mauvaise graisse avait créé des bourrelets sur mon corps, au niveau de ma taille, du ventre et un peu partout ailleurs. Rien de dramatique. Rien d'athlétique non plus...
Encore gêné dans mes mouvements, je décidais de me lancer dans un programme de musculation.
Dans un premier temps, il s'agissait d'enchaîner sept cents tractions en une heure, par série de quatre.
Si le repos entre chaque série permet de relâcher les muscles, le rythme imposait une douzaine de tractions par minute. Au bout d'une heure, cet exercice un poil masochiste avait raison de mes bras...
En un mois, j'avais perdu une douzaine de kilos et découvert sur mon corps des muscles dont je ne soupçonnais pas l'existence.
En falaise, ces efforts me donnaient des ailes.
Je me sentais de plus en plus fort.
Il suffisait de solliciter mon bras pour atteindre la prise suivante, sans que rien, tremblement ou hésitation, ne vienne entraver la simplicité du mouvement.
Plus que de pouvoir faire un mouvement, il faut pouvoir imaginer le faire. Les barrières psychologiques sont les plus infranchissables. En m'entraînant, en me modelant un corps plus puissant que précédemment, malgré les handicaps, je m'ouvrais les portes de l'espoir et la volonté se nourrit d'espoir. Une vraie machine infernale !

Je venais de découvrir la complexité de la vie : deux accidents m'avaient réduit en miettes, entravant la mobilité de mes poignets et, parallèlement, un entraînement intensif mettait au jour des capacités physiques ignorées jusqu'ici.
La motivation l'emportait sur le renoncement.
La nouveauté m'attirait davantage que le défilé de mes souvenirs. Certes, mes poignets me gênaient mais j'inventais des solutions, je musclais mes abdominaux afin de mieux profiter de mes pieds, de mieux coller au rocher. Une prise mal orientée bloquait mes velléités, j'en trouvais une autre, moins bonne mais tenable.
La voie devenait plus difficile pour moi que pour un autre, je n'en tirais que plus de satisfaction de l'avoir vaincue. Plus le temps avançait et plus mon rapport poids-puissance, essentiel pour l'escalade, jouait en ma faveur. La tendance s'inversait. Le vent tournait. »

Il bénéficie d'abord d'un très long arrêt maladie, puis reprend son travail à mi-temps chez Bado Sport à Valence, pour le SMIC de l'époque.
Admiratif, son patron fait quasiment office de mécène. Visionnaire sur le potentiel de son poulain, il finira par le virer quelques années plus tard lorsque sa notoriété deviendra mondiale, afin de le forcer à vraiment aller au bout de ses rêves et qu'il ne s'encroûte pas à Valence.
Au total, il lui faudra un parcours de deux ans pour faire la boucle et revenir au plus haut niveau.
Avec une certaine fierté de donner tort aux médecins qui ne le voyaient pas autrement qu'en futur handicapé à vie et sans plus aucune perspective sportive.
Mais surtout la joie de retrouver sa vie d'avant, tous ses rêves et ses projets. Et au sommet de ses derniers, il y en a un qui lui semble incontournable : retourner dans *L'Abominable Homme des doigts* afin de boucler la boucle.

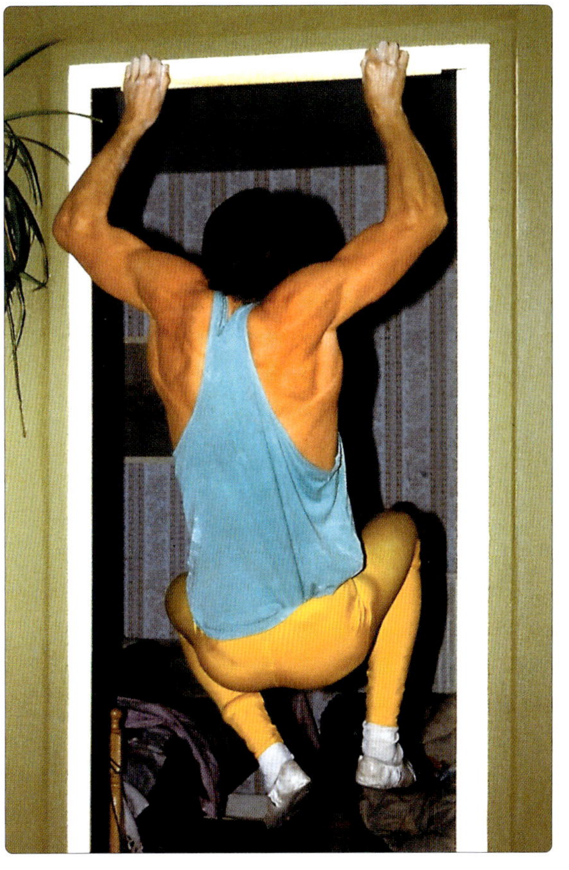

◂ Entraînement sur le mur de la MJC du Polygone à Valence.

▸ Alain chez lui profitant de toutes les plinthes pour se reconstruire après ses accidents. Des efforts qui ont fini par payer ! Coll. Robert

Entraînement

CORNAS, DRÔME, 1984

« L'Abo n'était plus un rêve inachevé mais une réalité en suspens. Cela ne tenait plus qu'à moi.
Il me fallait prendre le risque de la confrontation, le risque de la déception. Mis en confiance par la réussite d'un premier projet en falaise, je décidai de m'attaquer à mon morceau de bravoure.
Dès la première séance, je répétais tous les mouvements. Trois jours plus tard, je parvenais au sommet de L'Abo, plus heureux que jamais.
Je venais de réussir, encordé, la voie dans laquelle j'échouais systématiquement deux années auparavant. Mes progrès, flagrants, me laissaient pantois.
Ce qui ne me tue pas me rend plus fort : la phrase si éculée de Nietzsche trouvait ici une illustration magistrale. A posteriori, il m'a fallu un fil rouge, une ligne directrice, pour m'accrocher à mon rêve.
Et cette "ligne de vie", elle était tracée sur le calcaire de Cornas, ces 25 mètres d'une dalle lisse qui se bombe dans son ultime partie. Cette voie ne pouvait cependant espérer entrer au panthéon de l'escalade.
La concurrence était trop rude, la planète trop riche en voies magnifiques, et la communauté grimpante aurait eu du mal à comprendre l'histoire qui me liait à cette voie. Effectivement, L'Abo ne méritait aucun panthéon mais il valait bien mieux à mes yeux.
C'était mon refuge, mon île, mon radeau de sauvetage aussi... Une sorte de lieu saint.
J'y avais fait tant de pèlerinages que je connaissais par cœur chaque centimètre carré de son rocher, chaque mouvement de terrain de son sentier d'accès, chaque touffe d'herbe sur laquelle mes yeux ont pu se poser depuis cette sente vallonnée.
Plus qu'une voie, une initiation, au sens mystique du terme. Ma vie se résumait à ces 25 mètres de caillou, là où j'ai connu mes plus grands bonheurs et mes plus profondes peines.

UNE INITIATION AU SENS *mystique* DU TERME

◂ Dans *Persiste et signe* (7b) à Roche Pertu vers Cornas. 1986.
© Philippe Poulet

L'ermite qui aurait passé ces dix années à son pied aurait tout su de moi. Il m'aurait vu fort et serein, victorieux de la confrontation avec la pesanteur, ou abattu, blessé et handicapé, cloué au sol. Mais il m'aurait toujours vu motivé et combatif, autant par dépit que par vengeance, presque aussi impuissant que des menaces hurlées vers le ciel…
Pourquoi ai-je jeté mon dévolu sur cette voie ?
Il y a d'abord la proximité de Valence, la ville où j'ai passé la majeure partie de ma jeunesse.
Il y a aussi son statut historique. C'était sûrement la plus difficile de la région au début des années quatre-vingt. Un vrai challenge, déjà un mythe.
Avant d'y poser mes chaussons, j'ai longtemps rêvé de pouvoir un jour la grimper, affronter cette ligne dépourvue de prises, aux mouvements retors et puissants. Toucher au firmament, le rêve de chaque sportif de haut niveau. Du plus loin que je m'en souvienne, j'ai donc toujours eu un rapport passionnel avec elle.
Un rapport fusionnel même. J'étais devenu L'Abo.
Tant que j'atteignais son sommet, j'allais bien.
Dès que le sort entravait mes mouvements, que mon état ne me permettait pas d'espérer franchir le premier passage délicat, alors ma vie devenait une parenthèse, un ennui, une injustice.
Ce petit bout de rocher a été à la fois ma mère, celle qui m'a protégé, ma maîtresse, celle à qui appartenaient mes rêves, ma confidente aussi, celle qui a pris le temps de m'écouter, m'a donné le temps de me relever.
Oui, si j'ai surmonté ces coups durs, si j'ai pu revenir au meilleur niveau, et même imaginé bien plus tard grimper des buildings, je le dois uniquement à ce que vos yeux voient comme un simple morceau de caillou, pas à ma famille, ni à mes médecins.
Il paraît que dans l'épreuve, l'homme a besoin d'une béquille psychologique.
Pour certains, c'est l'alcool. Pour d'autres, la foi.
Moi, ça a été cette poignée de réglettes et ces quelques trous dans un rocher blanc, sur les hauteurs de Valence. »

Une fois gravi *L'Abo*, Alain essaye d'en corser la difficulté en s'interdisant certaines prises, puis en créant des variantes basées sur la voie originale.
Ainsi naît *L'Abomifreux* (7c), puis il atteint le huitième degré en ouvrant *L'Abominafreux* (8a).
L'étape suivante lui semble évidente : *L'Abo* original en solo intégral.

◂ ▸ Dans le passage-clé de *L'Abomifreux* (7c). 1987.
© Philippe Poulet

UNE LONGUE FILIATION

Pour bien saisir la fascination d'Alain pour le solo, même avant ses accidents, il faut comprendre qu'il appartient à une génération nourrie par la littérature alpine qui considérait souvent le genre comme le summum de l'alpinisme et de l'escalade. Et ce n'est pas une histoire qui date d'hier.

En 1887, Georg Winkler, un adolescent munichois, gravit seul une tour vierge des Dolomites, stupéfiant son petit monde par son audace.
Presque au même moment naît en Autriche celui qui va devenir le maître à penser de générations entières de soloïstes.

Au début du XXe siècle, Paul Preuss décide que cordes, pitons et autres mousquetons, pourtant pas très fiables à l'époque, sont à proscrire au maximum.
La véritable escalade, c'est seul et sans matériel !
Il théorise ses idées, s'attirant au passage de nombreux détracteurs, mais surtout il les met en application en accumulant une incroyable série de premières solitaires. Un radicalisme qui lui sera finalement fatal...

En France, à partir de la fin des années soixante-dix, il y a les deux Patrick, Berhault et Edlinger, mais aussi des jeunes Parisiens (Antoine et Marc Le Menestrel, Jean-Baptiste Tribout, Laurent Jacob, David Chambre, Alain Ghersen) qui s'y adonnent assidûment.
En 1984, Marc Le Menestrel puis Jean-Baptiste Tribout s'offrent en solo *Chimpanzodrome* au Saussois, le 7c+ de référence du début des années quatre-vingt.

L'année suivante, Antoine fait encore plus fort en gravissant *Revelations*, 8a+, alors la voie encordée la plus difficile d'Angleterre, une humiliation pour les Britanniques. Catherine Destivelle en devient une star incontestée, l'alter ego féminin d'Edlinger.

Emilio Comici, surnommé « l'Ange des Dolomites », Cesare Maestri, dit « l'Araignée », le Belge « Il Divino » Claudio Barbier, Reinhold Messner évidemment ; de l'autre côté de l'Atlantique, les stars du Yosemite, John Bachar, Peter Croft et Dean Potter ; le Britannique Jerry Moffatt (où la pratique est quasiment considérée comme une religion) ; les Allemands Wolfgang Güllich, Kurt Albert, puis Alex Huber... le siècle passé est jalonné d'audacieux grimpeurs prêts à mettre leur vie dans la balance pour quelques instants d'éternité.

▲ Georg Winkler, Paul Preuss et Emilio Comici, les grands pionniers du solo. DR

▶ Alex Huber en solo dans *Kommunist* (8b+) Schleier Wasserfall. 2004. Coll. Huber

▲ Hansjörg Auer (1984-2019) dans la *voie du Poisson* (7b+, 900 m) dans les Dolomites. 2007. DR

◂ Dean Potter (1972-2015) en freeBASE dans *Deep Blue Sea* (7b+, 350 m) dans la face nord de l'Eiger. 2008. DR

Plus proche de nous, il y a bien sûr l'ovni Alex Honnold, mais pas que. Quand un jeune Autrichien inconnu, Hansjörg Auer, est aperçu seul et sans corde en 2007 dans les 900 mètres de la *voie du Poisson* sur la face sud de la Marmolada, ce n'est pas la difficulté maximale (7b/c) qui retient l'attention mais le fait que les passages difficiles de ce célébrissime itinéraire sont réputés pour être particulièrement aléatoires.
Trous fuyants pour les doigts et mauvaises adhérences pour les pieds constituent effectivement un cocktail potentiellement mortel pour un soloïste, ce dont nous aurons l'occasion de reparler.
Il y eut aussi l'Américain Dean Potter qui, quand il ne faisait pas du « pur » solo, inventa le freeBASE, une discipline dont il fut quasiment l'unique pratiquant : grimper en solo, sans corde, mais avec un parachute léger et à ouverture rapide...
On songe encore au highball, grimper des blocs de très grande hauteur avec des matelas crashpads et des pareurs au sol, ou bien au deep-water solo, consistant à soloer au-dessus de l'eau. À voir les images d'un illustre adepte tel que Chris Sharma (qui par ailleurs ne fait pas de solo intégral classique), on comprend vite qu'au-delà d'une certaine hauteur, les conséquences d'une chute se rapprochent du free solo.
Un autre paramètre délicat à appréhender, même pour des grimpeurs de haut niveau mais n'ayant jamais pratiqué le solo, est que la notion de difficulté globale n'est pas automatiquement corrélée à la cotation.
Un 7b très impressionnant avec un passage-clé sur des prises aléatoires ou pouvant casser, haut placé à des centaines de mètres du sol dans une ambiance plus qu'impressionnante, pourra ainsi être un plus grand achèvement qu'un 8a court sur des prises franches, dans une rassurante petite falaise au rocher béton.
Le premier pouvant représenter un coup ponctuel d'audace jamais repris, même par des soloïstes ayant réalisé plusieurs solos du second type.
Tout est finalement une question d'acceptabilité des risques contrôlables et non contrôlables.
La durée et la fréquence de la pratique sont aussi à considérer : un grimpeur très fort en escalade encordée, mais soloïste occasionnel, pourra un jour réaliser un unique exploit historique quand d'autres pratiqueront quotidiennement durant des années les mêmes voies. Un « palmarès » de soloïste est donc toujours à apprécier avec l'ensemble de cette grille de lecture.

Se situant naturellement dans cette riche histoire, revenu d'entre les morts et plein d'une énergie et d'une ambition retrouvées, Alain en est désormais persuadé : son avenir de grimpeur, c'est dans le solo.
En 1986, deux ans après sa première en libre et fort de sa connaissance intime de chaque centimètre carré de *L'Abo*, il le parcourt enfin sans corde.
Pourtant, au-delà de sa difficulté, le style de la voie, très précaire, la forme des prises, plutôt verticales, ni franches ni crochetantes, et le passage-clé à la fin, tout concourt à en faire un parcours peu adapté au solo.
Et loin de se satisfaire de cette réussite, il veut prolonger l'obsession qu'il a toujours eue pour cette voie, mais désormais quasi exclusivement en solitaire.

« Il s'en est suivi une folle course-poursuite, comme si j'avais eu des ascensions à rattraper.
En une dizaine d'années, j'ai dû gravir cette voie en solo plus de mille fois, à la montée, à la descente, en enchaînant les deux, bref, selon toutes les combinaisons possibles et imaginables.
Revenir à ce niveau m'avait coûté tant de sacrifices que je me promis de ne plus jamais être dans l'incapacité de gravir L'Abo, *quoi qu'il advienne.*
Cette volonté devenait obsessionnelle.
Qu'il vente ou qu'il neige, j'allais me confronter à la voie. Profitant de ma pause-déjeuner d'une heure, je prenais ma voiture, je filais jusqu'à la falaise, je mettais mes chaussons et je faisais un aller-retour dedans, sans échauffement, comme un intoxiqué de base ne reculant devant rien pour tirer quelques bouffées de nicotine.
Si on m'avait dit, alors que j'essayais juste de survivre, que cette voie deviendrait un jour mon terrain d'entraînement en solo, avec des variantes encore plus dures, jamais je n'aurais pu le croire !
Durant une longue période, cette paroi était mon baromètre : tant que je pouvais la gravir en solo, je m'estimais en bonne forme. Même si cela peut paraître absurde avec le recul ou pour un observateur non averti, y retourner ainsi quotidiennement sans corde était devenu un besoin autant qu'une routine qui me rassurait sur mon état de forme. »

Quasiment chaque jour, Alain vient sur ce bout de rocher de la Goule.
Travaillant alors à Valence, étant déjà père de famille, plutôt désargenté, c'est pour lui le moyen le plus facile de pratiquer intensément à moindre coût et sans trop s'éloigner. Mais pas seulement sur *L'Abo*.
Il y ouvre encore quelques lignes dont la difficulté laisse perplexes les rares autres grimpeurs locaux, surtout lorsqu'il les grimpe en solo ensuite, comme *Boukouni* (7c). Même quand ses vertiges giratoires le reprennent et que les médecins lui déconseillent tout simplement toute activité sportive, jamais il ne déroge à la règle !

Un jour, alors qu'il rentre du travail à vélo, un agrandissement photographique cartonné glisse de son sac et vient se coincer dans les rayons d'une roue.
C'est l'accident stupide mais brutal, il est éjecté instantanément avant de retomber durement sur le bitume.
Résultat : une épaule luxée et un doigt très douloureux. La luxation remise en place, Alain recommence à grimper *L'Abo* en solo le surlendemain, avant de finalement se faire diagnostiquer aussi un majeur fracturé à plâtrer d'urgence ! La douleur, horrible, n'était rien en comparaison du soulagement de toujours être capable de grimper en solo.

Sur cet endroit désolé, la plupart du temps désert, les années passent ainsi, été comme hiver, printemps comme automne, qu'il pleuve, qu'il vente, sous un soleil de plomb ou des températures glaciales.
Alors qu'il travaille dans ce magasin de sport du centre-ville de Valence, il profite de sa pause-déjeuner pour s'y précipiter en voiture, ayant à peine le temps de s'échauffer, gravir deux ou trois fois *L'Abo* sans corde et repartir vaquer à ses obligations comme s'il avait fait un simple footing.
Ni spectateurs, ni photographes, ni gloire, juste son chien comme observateur fidèle.
S'installe alors pour le reste de la journée la satisfaction tranquille d'avoir accompli son rituel quotidien.
Il y a bien sûr aussi le plaisir simple de se retrouver dans la nature, aujourd'hui on parlerait d'*outdoor*.

▲ ▶ Alain dans *L'Abominafreux* (8a). © Mark Buscail/Coll. Robert

Cornas - 1988/1993

Durant cette seconde partie des années quatre-vingt, Alain a aussi l'occasion d'écumer régulièrement les falaises à la mode de Rhône-Alpes et de la Provence : Verdon, Buoux, Mouriès, Les Lames, Châteauvert, Russan, Chaulet, etc.

Il y grimpe aussi encordé, comme l'écrasante majorité des grimpeurs, à travailler puis réussir des voies à sa limite, qui font alors référence dans le huitième degré : *Le cœur est un chasseur solitaire*, *Le Voyageur imprudent* et *Le Fluide enchanté* à Mouriès, *L'Homme programmé*, *Élixir de violence*, *Mémoires d'une limace* et *Chouca* à Buoux…

Et ceci en partie grâce à Laurent Jacob. C'est à Buoux qu'il l'a croisé pour la première fois en 1981 alors qu'il grimpait seul dans des voies pas très dures.

◂ ▴ À Buoux, dans *Courage fuyons* (7a).

◥ Toujours à Buoux, dans *Rêve de papillon* (8a), l'une des voies de référence du 8e degré des années quatre-vingt. Coll. Robert

▸ Laurent Jacob dans *Champagne* (8b) à la Loubière, au-dessus de Monaco.
© Philippe Poulet

You Tube

Solos

Laurent lui propose de l'accompagner dans ses projets sportifs. Avoir ainsi l'opportunité de s'encorder avec le célèbre grimpeur parisien lui ouvre encore plus les yeux sur une approche sportive et moderne qui va beaucoup l'inspirer.

Laissons à Laurent le soin d'évoquer ce souvenir cocasse : « *En 1981, j'avais 25 ans et Alain seulement 18. En quête d'un partenaire pour m'assurer dans une tentative de libérer la dernière longueur de la* Volière, *un 7b aérien, je rencontre ce jeune grimpeur, pas spécialement costaud et avec une bonne petite bouée de quelques kilos autour du ventre... Mais les années qui ont suivi allaient me montrer que le look surfeur baraqué n'était pas forcément un atout !*

Cette tentative réussie dans la Volière *avec le côté spectaculaire du toit, Alain m'en reparlera des années plus tard alors que nous nous croisons lors de la première compétition à Bardonecchia.*

Le petit chétif et son petit bidon avaient disparu depuis longtemps et Alain me confia avec son sourire qui laissait croire que tout cela n'était que très banal : "Tu comprends, avec mes problèmes de doigts et de poignets, je ne peux que grimper en tendu, donc il me faut la meilleure adhérence, et en été je n'ai pas le choix, je dois faire mes solos à l'aube : ce qui veut dire vers 6 heures du matin... Donc je m'échauffe sur ma poutre à la maison vers 2 heures du matin." Ben voyons ! »

Il est tout de même très limité par ses handicaps, comme l'impossibilité de saisir une prise en inversée. Il comprend rapidement qu'ils vont être rédhibitoires pour aller tutoyer le plus haut niveau sportif de l'époque, le huitième degré supérieur, et bientôt les premiers 9a qui vont naître avec la décennie 1990.

Devenir le laissé-pour-compte de l'escalade sportive, non merci... Même s'il suit les avancées du haut niveau dans les rares revues spécialisées de l'époque comme *Alpinisme et Randonnée* (il est intéressant de noter qu'en ce mitan des années 80, il n'existe pas encore de magazine entièrement dédié à l'escalade).
Il s'entraîne avec le même sérieux et la même intensité que tous les autres meilleurs grimpeurs de l'époque, suivant les évolutions des méthodes d'entraînement et cherchant toujours à dépasser les performances existantes. Ou encore en mettant un point d'honneur à réaliser une traction d'un bras sur l'auriculaire et en pronation sur un petit trou rocheux, effort bien plus difficile qu'en supination sur une sangle, un distinguo pas évident pour un non-spécialiste : « *Je ne suis pas tombé dans la potion magique. Conscient de mes nombreux handicaps qui me limitaient, j'ai choisi d'optimiser tout ce qui fonctionnait bien et ensuite de l'exploiter au maximum, même si ça n'était parfois pas idéal pour faire du solo à très haut niveau.* »

▲ Traction d'un bras sur l'auriculaire...

▶ Au Verdon, l'un des terrains de jeu favoris d'Alain le soloïste... Coll. Robert

▲ Alain lors de la compétition de Vaux-en-Velin en 1986. © Philippe Poulet

De la même manière, il s'essaie à certaines des premières compétitions internationales organisées en France, comme celle de Vaulx-en-Velin en 1986.
Il y atteint la demi-finale mais il comprend qu'il va toujours buter sur des types de préhension qui lui seront impossibles à tenir : « *Je ne pouvais pas jouer dans la même cour, sans pouvoir étendre mes bras ni tourner mes poignets et sans la pleine sensation de mes doigts. J'étais extrêmement fort en préhension tendue mais nul en arquée. Je me suis senti à part et ça m'a un peu dégoûté du petit monde de l'escalade sportive et de compétition qui était alors en train d'exploser.*
Il est certain que sans mes handicaps, j'aurais suivi ce parcours, alors classique, voire obligatoire, pour tout grimpeur qui voulait alors vivre de son sport. »

Alain est tout de même devenu plus qu'une gloire locale, même s'il n'est reconnu ni comme Sudiste, ni comme Parisien.
Son patron, très compréhensif, lui paye un plein-temps pour seulement dix-sept heures de présence.
Mais il est désormais père de famille avec toujours des ressources limitées, donc son périmètre d'action est restreint. Il passe le tout nouveau brevet de moniteur d'escalade mais ne s'en servira que très peu.

Après dix ans d'obsession, le rituel de *L'Abo* prend fin dans les années quatre-vingt dix quand Alain déménage vers le Sud. En point d'orgue, il réalisera un jour d'automne de 1991 un enchaînement baptisé *Triptyque*, montée par *L'Abominafreux* (8a), descente par *L'Abomifreux* (7c) et remontée par *L'Abominable* (7b/c), estimé à 8b, soit une difficulté totalement extrême pour un grimpeur non encordé.
Comme nous l'avons souligné, faire une voie totalement maîtrisée des centaines de fois en solo est un processus de prise de risque totalement différent que s'aventurer une fois dans une longueur extrême à sa limite. Mais quel est le plus dangereux des deux ?
Bientôt, il va commencer à voyager, puis s'attaquer aux gratte-ciel.
Quant aux falaises de Cornas, elles n'existent plus aujourd'hui, dynamitées au sens le plus littéral, car exploitées par une carrière où se déroulent des tirs de mines.

L'Abo n'a pas survécu à son créateur : « *Cela reste une expérience unique dans une vie, une relation intime et si longue avec un petit bout de rocher, un coin de nature aujourd'hui détruit par l'exploitation industrielle, symbole de la mainmise des hommes sur la nature.*
Depuis, rien n'a vraiment changé, si ce n'est que l'escalade, attirant un nombre toujours croissant de pratiquants, a perdu en rébellion.
Tant pis ou tant mieux, à chacun de juger.
J'ai appris à grimper sans que la chute ne soit admise car l'équipement sommaire des falaises ne permettait pas de renouveler trop souvent ce genre de fantaisies.
Aujourd'hui, les falaises sont tellement bien équipées que le risque de se faire réellement mal en cas de chute est quasiment nul.
La pratique du solo, cet engagement presque total et une remise en cause de sa propre vie, concernait donc davantage cette génération de grimpeurs inspirée par Berhault et Edlinger que celle d'aujourd'hui.
Heureusement, il reste la possibilité de se faire peur, l'essence même de la grimpe pour moi qui n'utilise encore et toujours une corde que de manière occasionnelle... »

PRINCIPAUX SOLOS INTÉGRAUX SUR ROCHER NATUREL

· Buoux, *Courage fuyons*, 7a⁺, 1990.
· Buoux, *La Chèvre et le chou*, 7c, 1990.
· Buoux, *Rêve de papillon*, 8a, 1990.
· Buoux, *Cauchemar de l'éléphant*, 8a, 1991.
· Buoux, *La Nuit du lézard*, 8a⁺, 1991.
· Buoux, *La Nuit du cauchemar*, 8a⁺, 1991.
· Cornas, *L'Abominable Homme des doigts*, 7b⁺ (plus de mille fois à partir de 1986).
· Cornas, *Boukouni*, 7c, 1987.
· Cornas, *Au théâtre ce soir*, 8a, 1991.
· Cornas, *L'Abominafreux*, 8a, 1990.
· Cornas, *Pour une poignée de Chamallows*, 8a/b, 1993.
· Cornas, *Triptyque*, 8b : enchaînement de *L'Abominafreux* (8a⁺), de *L'Abomifreux* (descente, 7c⁺) et de *L'Abominable Homme des doigts* (7b⁺), 1991.
· Dunière, *Bloc ou falaise*, 8a⁺, 1987.
· Entrechaux, *Œuvre posthume*, 8a, 1993.
· Joshua Tree (Californie), *Asteroid Crack*, 7c⁺, 1993.
· Mouriès, *Coup de cymbale*, 8a, 1991.
· Omblèze, *Lou Papé*, 8a⁺, 1991.
· Omblèze, *Compilation*, 8b, 1991.
· Sisteron, *2001, les doigts de l'espace*, 8a, 1991.
· Verdon, *L'Ange en décomposition*, 7a (une quinzaine de fois à partir de 1988, dont en désescalade).
· Verdon, *No Self Control*, 7a, à vue, 1991.
· Verdon, *Polpot*, 7c⁺, 1996.
· Verdon, *Crac boum hue*, 8a, 1991.

L'échelle de cotation numérique française est la plus reconnue mondialement pour l'escalade sportive.

Ouverte vers le haut, chaque degré est divisé en a, b et c.

À partir du 7ᵉ degré encordé, elle concerne des pratiquants experts jusqu'au top niveau mondial (actuellement 9c, 9ᵉ degré supérieur).

▲ À Cornas, dans *Tryptique* (8b), son second 8b en solo de l'année 1991.

◀ Toujours à Cornas, dans *L'Abominable Homme des doigts* (7b⁺), la voie qu'il a parcourue plus de mille fois en solo !
Coll. Robert

Aux limites DU RAISONNABLE

J'ai su exploiter l'aléatoire à 110 %,

c'était ma force par rapport aux autres soloïstes.

Alain Robert

◂ Retour dans le vide du Verdon pour un selfie qui serait à haut risque pour le commun des mortels mais pas pour French Spiderman. 2022. © Philippe Poulet

1991, UNE AUTRE DIMENSION

Nous sommes en 1991, l'année où Wolfgang Güllich vient à bout de sa propre obsession. Cachée dans une forêt du Frankenjura, non loin de Nuremberg, *Action directe* devient le premier neuvième degré de l'histoire de l'escalade. Du côté du solo, la difficulté maximale est restée bloquée à 8a/b, même si l'ampleur d'un solo ne peut se résumer à un seul chiffre.

C'est le moment où Alain se sent suffisamment fort pour passer un cap décisif.
Au début de cette nouvelle décennie, le Valentinois a tout de même bien conscience du caractère unique de ses performances au vu de ses handicaps.
Il vient de réussir un 8b/c encordé, et il s'est construit un état de confiance en lui-même sans faille : « *Si tu es capable de faire un truc très dur sans problème encordé, alors ça doit être la même chose sans corde.* »
Ce pour quoi il est réellement fait depuis ses débuts, c'est repousser les limites de son sport sans la sécurité d'une corde : « *J'ai raccroché la corde et le baudrier, purement et simplement, je ne grimpe plus avec eux, sauf pour aller repérer les mouvements d'un futur solo. Je fais du solo tous les jours, je pense solo, je vis solo.* »

Cette confiance s'est aussi bâtie progressivement en haussant le ton de son niveau. Il a déjà gravi un 8a/b en solo quatre ans auparavant à Dunière, petite falaise ardéchoise. Comme son nom l'indique, *Bloc ou falaise* hésite entre les deux disciplines, car avec sa dizaine de mètres de haut, elle serait aujourd'hui probablement considérée comme un highball, mais à l'époque, les crashpads n'existaient pas.
Il n'empêche, bien que les petites réglettes sur ce granit en dévers ne seront jamais sous les feux de la rampe, cinq ans après ses accidents, Alain est de nouveau au top mondial.
Puis, en 1990, il réalise les premières solitaires de *La Chèvre et le chou* et de *Rêve de papillon* à Buoux.
La Chèvre n'est «que» 7c mais très déversante et placée dans un endroit impressionnant, avec un maximum de gaz, alors que les mouvements-clés de *Rêve*, historiquement l'un des premiers 8a français et européens encordés, sont très blocs mais situés au départ.
Alain (se) prouve ainsi qu'il est capable d'exceller seul dans tous les types d'escalade, loin de son petit jardin valentinois. Plus de trente ans ont passé et personne n'a réédité ces exploits, comme c'est d'ailleurs le cas pour 99 % des grands solos…
1991 cristallise donc à la fois ses ambitions et son niveau de forme physique optimal, une conjonction qu'il veut utiliser pour marquer les esprits, comme Patrick Edlinger avait su le faire en son temps.

▲ ▶ Face à la citadelle de Sisteron, dans *2001, les doigts de l'espace* (8a). 1991. Coll. Robert

Coup de cymbale à Mouriès, *2001, les doigts de l'espace* à Sisteron, *Crac boum hue* au Verdon, *Au théâtre ce soir* chez lui à Cornas, tout au long de l'année Alain enchaîne des 8a en solo, dans des styles très différents, et toujours des premières évidemment.

Les soloïstes réguliers représentent à peine 1 % des grimpeurs. Et parmi cette élite, 99 % ne se lancent dans des voies extrêmes que s'ils les ont longuement travaillées et qu'elles répondent à certains critères : dures, bien sûr, mais surtout « sûres » : déversantes plus qu'en dalle, évitant les mouvements de déséquilibre et les jetés, des prises de main claires à « serrer » plutôt que des adhérences, idem pour les pieds.
C'est dans cet état d'esprit qu'Alain a compris que son terrain de jeu, celui qui peut lui permettre d'affirmer sa différence, c'est l'aléatoire, une part non contrôlable par la force ou par la technique.
Plus une voie est aléatoire, moins ses handicaps le désavantagent, particulièrement en solo.
Toute la différence se fait alors au niveau du mental.

▲ ▶ Décomposé des mouvements de *Au théâtre ce soir* (8a). à Cornas. © Robby Bösch

Nichées à mi-chemin de Valence et du célèbre mont Aiguille, les gorges d'Omblèze se situent au sud du vaste massif du Vercors.
Dans les années quatre-vingt dix, elles constituent un site d'escalade sportive en plein renouveau et très actif. *Compilation* y est une des lignes les plus dures avec sa cotation en 8b et son profil classique pour l'époque : une attaque verticale sur des concrétions calcaires grises puis, sans repos, le dévers s'affirme et suit une coulée blanche de prises éloignées avec les mouvements les plus problématiques.
Non loin de là, *Lou Papé* est moins difficile (8a/b) mais très souvent mouillé, donc « ingrimpable ».
Il faut attendre que les chaleurs de l'été frappent.
L'automne, s'il reste sec, constitue donc une période idéale. Alain grimpe *Lou Papé* encordé, puis en solo, sans coup férir. Profitant de cette bonne dynamique, il passe à l'étape suivante avec *Compilation*.
Pour l'occasion, l'ascension est enregistrée par un cameraman. Que voit-on sur les images ?
Non pas quelqu'un juste dans l'audace et sans la maîtrise complète de la situation. Au contraire, chaque mouvement semble contrôlé et parfaitement exécuté, avec une certaine marge, autant que faire se peut à un tel niveau de difficulté où certains mouvements dynamiques sont souvent obligatoires.

Ça ne sent ni la panique ni le vent du boulet, de quoi faire mentir rétrospectivement les contempteurs d'Alain qui ne voyaient en lui qu'un kamikaze grimpant au-dessus de son niveau.

Compilation devient ainsi le premier 8b en free solo de l'histoire de l'escalade (suivi peu après par *Triptyque* à Cornas). Et même s'il n'y a pas, ou ne devrait pas y avoir de logique de compétition en solo, pas de surenchère forcément un peu morbide, ce jalon historique n'échappe à personne et surtout pas aux autres spécialistes.

Quand un extrait du film *Passion vitale*, qui documente cette ascension exceptionnelle, passe à la télévision à une heure de grande écoute, Alain est remarqué par Patrick Edlinger lui-même.

Il le présentera à la cérémonie des Janssen, qu'il présidait fin 1991, pour lui décerner un prix spécial de la performance sportive qu'il crée à l'occasion.

● **CHAMPION D'ESCALADE SOLO** le valentinois Alain Robert aura, ce lundi, les honneurs du petit écran Sur TF1, dans "minuit sports", on pourra découvrir ce talentueux spécialiste du "solo" (escalade sans renfort de matériel de sécurité) lors d'un court-métrage intitulé "Passion vitale".

Alain Robert est bien sûr l'acteur principal de ce film consacré par le prix du meilleur exploit sportif au festival de Janssen à Saint Marcelin présidé cette année par Patrick Edlinger

Les Janssen sont dédiés à la mémoire de Jean-Paul Janssen, le réalisateur des films les plus iconiques du « Blond » et disparu en 1986.

Si Alain a attiré l'attention d'Edlinger, c'est aussi parce que ce dernier essayait alors sans succès *La Nuit du lézard*, encordé évidemment.

◂ Dans *Le Fantasme de Liliput* (7b) à Crussol en Ardèche.

▴ Dans *Crac Boum Hue !* (8a) au Verdon. Coll. Robert

Compilation (8b)

BUOUX, LUBERON, AUTOMNE 1991

Au cours des années 1980, lorsque les membres du Gang des Parisiens investissent l'Aiguebrun, la principale falaise de Buoux, ils repèrent rapidement qu'il existe une face ouest un peu laissée à l'abandon.
L'un de ses intérêts, en dehors de la qualité de son rocher - mais c'est une constante à Buoux -, c'est évidemment son orientation : il est possible d'y grimper dès le matin, pas besoin d'attendre le milieu de l'après-midi pour bénéficier d'une ombre salvatrice comme dans la plupart des autres secteurs.

Quelques lignes majeures y naissent, telles que *L'Homme programmé* (8a), *Élixir de violence* (8a), ou *Les Mains sales*, le premier 8b français par Marc Le Menestrel en 1985. Avant de subir une longue éclipse (interdiction par le propriétaire des terrains), la face ouest est donc un endroit incontournable.
Désireux d'y laisser son empreinte, Jean-Baptiste Tribout y trace en 1986 une ligne improbable, car si les trous fuyants, typiques du secteur, sont bien présents dans le bombé initial, ils semblent disparaître quand l'escalade finale se transforme en une dalle complètement lisse, avec deux vagues cupules peu adhérentes pour les doigts et des pieds foireux en guise de final. Pas exactement le profil idéal pour s'y lancer en solo, d'autant que la difficulté de cette *Nuit du lézard* est tout de même de 8a/b.
C'est pourtant le prochain gros objectif d'Alain.

Il connaît la longueur par cœur et ne tombe pratiquement jamais quand il s'entraîne dedans.
Bref, il s'y sent à l'aise. Mais il sait que ce style rebute bon nombre de forts grimpeurs, certains noms connus y ont essuyé un échec cuisant malgré un nombre conséquent d'essais encordés.
Comme personne à part lui n'imagine *La Nuit* faisable en solo, il lui faudra une preuve tangible et irréfutable.
Laurent Belluard est alors un jeune journaliste et photographe grenoblois qui travaille notamment pour le magazine *Vertical*, la référence à l'époque.
C'est lui qu'Alain contacte pour l'accompagner et immortaliser ce qu'il espère être le nouveau sommet de sa carrière. Dès le péage autoroutier, Laurent est étonné qu'Alain, du fait de ses handicaps, ait autant de mal à saisir et à tendre quelques pièces de monnaie.
Pas très rassurant pour un super-héros qui est censé frapper un grand coup...

« *La réussite de la voie nécessitait absolument que le soleil n'ait pas encore léché la paroi, la chaleur faisant ressortir l'humidité du rocher et rendant l'adhérence d'autant plus précaire.*
L'air, encore frais, semblait annoncer une journée idéale pour mon escalade, contrairement à la veille où, tourmenté, j'avais préféré annuler l'opération.
En solo, rien n'est jamais certain.
Les rendez-vous avec mes challenges ne sont pas à heure fixe.
La pression, l'envie et la certitude doivent s'ancrer en moi, mettant en évidence mes chances de réussite au détriment du doute et de l'échec.
Cette mécanique ne se commande pas : c'est une lente alchimie qui laisse la part belle à l'improvisation.
Si avant l'heure, ce n'est pas l'heure, plus tard, ça ne le sera pas davantage...
L'escalade, interdite dans ce secteur de la falaise, était cependant tolérée.
La fréquentation de l'endroit s'en ressentait et ce calme relatif n'était pas sans me déplaire.

Grimper en solo au milieu des cordes m'apparaît aussi absurde que s'adonner au yoga dans un centre commercial.
Solo sous-entend solitaire, pas foire d'empoigne...
Pourtant, au moment d'obliquer vers cette face ouest, j'aperçus une corde entre les chênes-lièges, une corde qui me semblait bien pendre dans ma voie...
Faut-il croire dans les signes du destin ?
Fallait-il rebrousser chemin, se dire que si la ligne était prise, ce n'était pas forcément un hasard, ou se dire qu'on est le seul maître à bord, le seul à influer sur les choses.
Rester insensible à la musique des choses et orchestrer sa propre symphonie, voilà ma solution.
Des nuées de chats noirs auraient bien pu me passer entre les jambes, cela n'aurait rien changé : La Nuit du lézard allait sortir de l'ombre.
Dans la voie, un Allemand taillé comme un Allemand (muscles saillants, cheveux blonds, yeux bleus), travaillait les mouvements avec difficulté, assuré par sa copine, une déesse scandinave.
Le temps pressait. Il fallait faire vite.
Visiblement, il n'aimait pas les monodoigts de la première section, et alors qu'il revenait au sol pour se reposer, je lui demandai s'il était possible de retirer sa corde, lui promettant de la remettre dans les plus brefs délais.
Il fit une moue dubitative, semblant se demander ce qu'un avorton comme moi pouvait bien espérer réaliser dans une voie si difficile. Nonchalamment, il s'exécuta, avec un mépris non dissimulé selon les propos d'un ami ayant assisté à la scène.
Déjà concentré, j'avoue n'avoir rien remarqué, si ce n'est un évident manque d'enthousiasme.
J'avais été poli, alors où était le problème sinon un délit de sale gueule et une forte présomption d'infériorité ?
Cela m'était égal : j'étais habitué à ce regard alors que je n'étais pas encore devenu Spiderman.
C'est sûrement la raison qui m'a fait ensuite embrasser les causes des démunis, des outsiders, des peuples massacrés ou oubliés.
On m'a fait les mêmes affronts à force de me regarder de travers, de me juger sur une apparence, sans le procès équitable du verbe et surtout des actes.
Avant de rappeler sa corde, je fis une montée assurée pour m'échauffer et nettoyer les prises qu'il avait passablement encrassées, puis, laissant la corde au sol, je partis en solo sous le regard médusé du couple parfait.
La première section fut avalée en un souffle.
Dans une voie difficile, rester trop longtemps sur les prises est une perte d'énergie inutile, énergie qu'il me fallait préserver pour ces fameux derniers mouvements aléatoires qui ne pardonnaient aucun bémol.
Plus je montais et plus l'Allemand se décomposait, plus ma victoire sur le destin devenait implacable.
Au passage-clé, les deux pieds à plat sur deux pentes, les deux mains sur deux vagues bossettes, je devais m'étendre pour atteindre une bonne prise.
En poussant sur mes pieds, ils zippèrent. Alerte générale !
Pas même le temps de réfléchir : contracter les muscles, bloquer le haut du corps pour ne pas engendrer de déséquilibre et retrouver l'adhérence.
Tout s'est fait automatiquement, en une fraction de seconde. Je ne pouvais pas tomber !
Ce matin-là, l'évidence de ma réussite ne faisait aucun doute. Mes doutes, je les avais balayés loin de mes pensées. Cet incident de parcours ne pouvait ébranler ma certitude. Les pieds retrouvèrent l'adhérence...
Je les remontai sur les deux pentes incertaines et je poussai à nouveau afin de saisir la prise salvatrice, à un mètre de la chaîne marquant la fin de la voie.
La Nuit du lézard était vaincue : j'exultais.

◂ La falaise de Buoux, dans le Vaucluse. © Philippe Poulet

▴ (*et pages suivantes*) dans *La Nuit du lézard* (8a+). 1991. © Laurent Belluard

La Nuit du lézard par Mischa

L'Allemand n'eut pas même un regard, ou plutôt si, mais celui que l'on pose sur les choses, pas sur les êtres humains. Sûrement pensait-il avoir rêvé. Il ne pouvait réaliser parce que son schéma lui interdisait de comprendre la complexité des hommes et leurs différences, moins manichéennes qu'il ne le pensait.
Un petit gars au nez de travers, aux poignets tordus et bâti comme un jockey venait de courir en solo dans une voie où lui se reposait sur la corde à chaque mouvement. Pour lui, les choses lui semblaient acquises dès le départ. Pour moi, je devais les mériter et m'en donner les moyens. Cette adversité a toujours été un de mes moteurs. J'y crois donc je fais, je fais donc je suis.
Le chemin est probablement un peu plus complexe mais, à coup sûr, plus gratifiant.
L'escalade exige un physique mais surtout un mental d'acier pour utiliser son potentiel au maximum.
Cet Allemand n'avait pas dû souffrir suffisamment pour savoir puiser dans ses ressources les plus cachées.
À chacun sa croix. Savoir se dépasser s'apprend dans l'adversité, dans la douleur, la vraie, pas celle de l'effort mais celle de la vie. »

LE SOLO LE PLUS *téméraire* JAMAIS EFFECTUÉ

Les images de Laurent dans le passage final nous montrent un Alain tout en tension, le regard à la fois interrogateur et déterminé sur sa main droite crispée sur cet à-plat véreux qui le maintient encore dans le monde des vivants.
Dans son dos et sur son sac à magnésie, le nom de son sponsor, les cordes Béal, ne manque certes pas de sel... Plus tard, son nouveau fournisseur de cordes, le très sérieux manufacturier suisse Mammut, en jouera même en faisant cette publicité avec lui en solo : « *Le Français le plus difficile à convaincre* ».
Pas si évident quand on sait que vingt ans plus tard, Alex Honnold perdra l'un de ses plus gros sponsors qui, après avoir utilisé son image durant des années pour vendre des millions de barres énergétiques, réalisera soudain que le solo, c'est dangereux...

Trois décennies ont passé et, pour reprendre les mots de Lucien Martinez, actuel rédacteur en chef du magazine *Grimper* et aussi grimpeur de neuvième degré, ce solo est probablement « *celui qui reste aujourd'hui encore le plus incompréhensible* ».

En 2004, le grimpeur allemand Alex Huber, autre soloïste d'exception, réalisera le premier 8b/c en solo mais il a toujours considéré *La Nuit du lézard* comme « *le solo le plus téméraire jamais effectué par un être humain* ».

Tout ça ressemblait finalement à un gigantesque coup de poker, comme le confirme le principal intéressé.

« La Nuit *ne fait que 25 mètres, la même hauteur que* L'Abo, *et même si quelques vilains rochers, parfaitement disposés au pied de la voie pour être dangereux, rappellent qu'il vaut mieux éviter de tomber, la sensation d'engagement, proportionnelle au vide, est indéniablement moindre qu'au Verdon par exemple.*
Pourtant, la chute demeure interdite.
Un pied qui zippe dans les premiers mètres d'ascension ne serait pas fatal, mais la structure des prises fait que la section aléatoire, celle où les pieds et les mains ne reposent que sur d'infâmes bossettes, se trouve évidemment à quelques mètres du sommet…
Pour mes ascensions, ce problème me laisse froid : comment partir sans corde dans une voie en imaginant au préalable l'endroit où l'on pourrait chuter ?
Je ne grimpe pas sans corde pour apprendre à tomber comme un chat mais pour la sensation de maîtrise de soi qu'engendre la capacité de dominer ses émotions.
Et puis, mes premières expériences de chutes au sol m'ont appris qu'en la matière, je n'avais aucun don…
Pour autant, il n'est pas simple de se mettre la pression dans une voie si courte, comme il est difficile d'évacuer le stress dans une voie longue ou sur la façade d'un building, en sachant que dans un cas comme dans l'autre, la chute est proscrite.
À l'époque, enchaîner La Nuit du lézard *en solo s'apparentait à mon Everest, au sommet de mon art.*
Aucun des grimpeurs l'ayant enchaînée encordé n'avait encore tenté de s'y lancer en solo.
Et pour cause : les derniers mouvements sont tellement aléatoires qu'il est tout simplement impossible d'avancer avec la certitude de passer l'écueil mais je savais l'affaire possible, j'étais suffisamment à l'aise pour que la part de risque me semble jouable.
Le solo est une affaire de joueurs, une partie de poker-menteur avec soi-même, une éternelle tractation entre le bon et le mauvais à coups de pourcentage de chances de survie.
À 75 % de chances de survie, j'y vais.
À 50 %, ça peut se jouer, et à 25 %, c'est le banco.
Des coups de folie que l'on sent possibles tout au fond de soi, comme l'athlète qui bat un record du monde lors de la finale des championnats du monde ou des Jeux olympiques.
Un rêve, certes, mais pour lequel on s'entraîne tous les jours… »

Histoire d'enfoncer le clou, Alain reviendra à Buoux quelque temps plus tard (presque) sur les lieux du crime en gravissant, toujours désencordé, *Cauchemar de l'éléphant*, 8a, la voisine de *La Nuit*, puis *La Nuit du cauchemar*, c'est-à-dire le départ de *La Nuit* et une jonction vers la sortie du *Cauchemar*, le tout pour une cotation équivalente à celle de *La Nuit*…

Beal

VALENCE, 1993

Deux années ont passé. Grâce à cette ascension de *La Nuit* bien sûr, mais surtout grâce aux diverses photos et aux images de *Passion vitale*, Alain a gagné en notoriété, passant même au journal de TF1.
Il vient d'être contacté par *Sector No Limits*, une marque horlogère italienne qui a bâti sa communication en sponsorisant des aventuriers de l'extrême tels que Gérard d'Aboville, le premier à traverser l'océan Pacifique à la rame, l'himalayiste Chantal Mauduit, ou encore Mike Horn à l'aube de sa carrière.
***Sector* imagine filmer Alain gravissant des tours urbaines.**
Sa vie ne va pas tarder à basculer de nouveau.

En attendant, son désir de solo rocheux ne s'est pas éteint. À Entrechaux, discret site du Ventoux loin des feux de la rampe, il gravit *Œuvre posthume*, un court 8a présentant une première section en dalle sur de petites prises, puis un toit horizontal suivi d'une longue partie finale surplombante.

De retour à Cornas sur sa falaise fétiche, il se fixe un objectif assez invraisemblable, alors qu'il n'a vraiment plus rien à prouver de ce côté-là.
Au-delà de sa cotation sèche, 8a/b, *Pour une poignée de Chamallows* est l'archétype de la voie à éviter en solo : elle combine résistance avec un mouvement très aléatoire haut placé qu'Alain est très loin de réussir systématiquement et encordé.
Autant dire que son idée suscite de l'incompréhension chez ses proches alors que sa carrière est sur le point de décoller... Néanmoins, comme à chaque fois, il ne lâche pas son obsession, persuadé de sa baraka.

Il se lance donc dedans en étant objectivement loin, voire très loin de réussir, c'est-à-dire d'y survivre :
« *À plus de 20 mètres du sol, il y a ce jeté sur un bidoigt d'une phalange légèrement en pente.*
Il faut jeter dedans ni trop à gauche, ni trop à droite sur cette mauvaise réception en pente.
J'ai essayé de faire des séries dedans, mais impossible d'y arriver statique, et mon taux de réussite n'était pas extraordinaire...
Un jour, plus motivé ou plus fou, j'y suis allé sans corde.
Aujourd'hui, tout ça me paraît tellement inconcevable...
Il faut dire qu'à un moment, mon côté jusqu'au-boutiste me gênait presque, je sentais que je perdais toute notion de sécurité pour satisfaire mon obsession.
Je voyais bien le côté non-raisonnable de l'entreprise, mais j'aurais été incapable de me retenir.
Peu de personnes pouvaient comprendre mon univers mental et la façon dont j'envisageais ma relation au solo.
Il y avait eu de la place pour Patrick Edlinger dont la médiatisation avait rendu le solo spectaculaire à défaut d'être socialement acceptable. Mais tous les autres passaient pour des fous complets et provoquaient des réactions très critiques, voire négatives. »

Selon Alain, bien que peu connu, *Pour une poignée de Chamallows* restera le solo rocheux le plus dangereux de sa carrière, son sommet d'engagement, encore plus aléatoire que *La Nuit du lézard*...

◂ ▴ À Buoux, dans *La Nuit du cauchemar* (8a+). 1991.
© Robby Bösch

De verre ET D'ACIER

Si tu tombes, c'est la chute.

Si tu chutes, c'est la tombe !

Alain Robert

◂ Sur la *tour Hekla* (220 m), la toute nouvelle contruction de la Défense à Nanterre, le 22 octobre 2023. Coll. Robert

Sector organise donc en 1994 un premier voyage aux États-Unis, à Chicago, Dallas et New York, afin qu'Alain puisse choisir des tours susceptibles d'être grimpables. *Sector* pensait pouvoir avoir des autorisations assez facilement et filmer des escalades encordées mais lesdites autorisations s'avérant difficiles à obtenir, et après quelques discussions avec des avocats, Alain bascule rapidement vers l'idée de solos « illégaux » avec, comme risque, un peu de prison à la clé.
Pour sa première tour son choix se porte donc vers la *Citicorp-Citibank* de Chicago.

« Sans heurts, je me tournai vers le béton, sans jamais quitter le rocher qui m'avait tant donné. Moi qui avais toujours évité de regarder la ville, je découvris dans les buildings une grandeur qui me fascina immédiatement. À Paris, comment avais-je pu passer au pied des tours de La Défense sans même y jeter un coup d'œil ?
Ces falaises de verre et d'acier m'apparaissaient désormais comme de telles évidences pour un grimpeur !
La pureté de la verticale et la variété des challenges me donnaient une seconde jeunesse.
Il y avait tant à faire, tant à découvrir ! »

Trente années plus tard, Alain a gravi environ 170 édifices différents dans sa carrière, dont certains plusieurs fois. On doit avoisiner un total de 250 ascensions.
Leur diversité en fait presque un inventaire à la Prévert, des plus hautes tours du monde, en passant par la Basilique du Sacré-Cœur (Paris, 1998) et l'Opéra de Sydney (1997) mais dans la mémoire forcément sélective d'Alain, certaines brillent plus que d'autres.

▲ ▶ Au 101 Park Avenue, sur le *Calico Building*, typique de l'architecture new-yorkaise. 1994.
Coll. Robert

250 ASCENSIONS

170 ÉDIFICES DIFFÉRENTS

◄ ▲ Pieds nus sur le *Brooklyn Bridge*, une escalade,
pour une fois, officiellement autorisée !
New York - 1994.
Coll. Robert

GOLDEN GATE, SAN FRANCISCO, 1996

Le *Golden Gate* a toujours représenté l'une des portes d'entrée de l'Amérique par sa façade occidentale. Ouvrage d'art hautement symbolique donc, il est resté jusqu'au milieu des années 60 le plus long pont suspendu au monde. Durant l'été 1996, à la suite d'un voyage à Las Vegas pour escalader la célèbre pyramide du casino *Luxor*, Alain Robert se retrouve à San Francisco avec « *l'envie de faire un truc dans cette ville magnifique* », accompagné d'une équipe complète : cameraman, productrice, photographe. Objectif : escalader ce pont emblématique par son axe central afin d'atteindre son point culminant à 227 mètres au-dessus des eaux de l'océan Pacifique.

Il songeait initialement à la flèche de la *Transamerica Pyramid*, une autre icône de la Californie, pour ses lignes acérées et épurées qui atteignent les 260 mètres.
Mais rapidement, elle s'avère impossible à grimper car trop lisse. Même s'il existe une tour plus haute en ville, elle est beaucoup moins emblématique.
Alain décide alors de se tourner vers l'autre construction célèbre, le *Golden Gate*, qui relie San Francisco à Sausalito en enjambant sur près de trois kilomètres le détroit éponyme.
Aucune autorisation ne s'avère possible alors qu'il avait réussi à en obtenir une en 1994 pour le *Brooklyn Bridge* à New York, moins haut (90 m) mais aussi fameux pour son importance historique. Cela n'avait d'ailleurs pas empêché l'intervention de la police.

« *On s'est baladé sur le pont, on a fait quelques essais discrets sur quelques mètres.* »
Au départ, cela ne lui paraît pas très dur mais il a sous-estimé la longueur et la répétitivité du mouvement.
« *C'est comme les tractions sur les bras : en faire une, c'est facile, dix d'affilée, c'est déjà plus dur, et cent, c'est carrément extrême !* »

Au début de sa carrière d'escaladeur urbain, Alain a tendance à minimiser ce paramètre, car dans une escalade rocheuse classique, les mouvements sont très variés et permettent de gérer des positions de repos très différentes.
Sur des constructions, il est beaucoup plus rare de trouver cette diversité, ce qui augmente la difficulté et l'engagement ; on retrouve souvent la même gestuelle que celle d'une escalade de fissures.
Même si l'on est très fort en escalade calcaire « à l'européenne », se sentir à l'aise dans ce nouvel environnement exige un certain temps d'apprentissage.
Pionnier en la matière et sans véritable expérience, Alain se fait un peu peur sur ses premières escalades urbaines.
Ainsi il n'ose pas poser ses pieds en adhérence sur les vitres, omniprésentes sur les façades des buildings.
Puis, peu à peu, aidé par la composition résinée des gommes des semelles des tous nouveaux chaussons d'escalade, il comprend qu'il est tout à fait possible, en agissant rapidement avant d'atteindre le seuil de rupture, de les utiliser sur des surfaces complètement lisses et glissantes.
Plus les jambes sont remontées en poussée, rapprochées des bras en traction, plus la composition des forces est sécurisante pour repousser les limites de l'adhérence, repositionner le centre de gravité du corps, mais autrement exigeante en termes d'effort musculaire. Et cela devient d'autant plus difficile dans la durée, la fatigue générale venant.
Les pieds sont moins remontés, les mains tirent moins fort, le danger augmente.

Alain se fait déposer au pied du pont.
Assez rapidement, des sirènes se font entendre, des véhicules de police et de pompiers font leur apparition puis une partie du pont est bloquée par les forces de l'ordre, ce qui n'est jamais très bon signe...

▸ Le *Golden Gate Bridge* de San Francisco. © Zetong Li/Pexel

Golden Gate - 1996

LE DÉBUT DE MES ASCENSIONS *illégales*

« C'était le début de mes ascensions illégales et je n'avais pas encore intégré le fait qu'aux États-Unis, suivant les États, ce genre d'infraction est plus ou moins sévèrement puni. Je savais bien que j'allais être arrêté, mais j'étais encore assez insouciant par rapport à ce genre de choses. J'imaginais que je serais relâché le lendemain... »

Sur quelques mètres donc, cela lui paraît assez tranquille. Après avoir attaqué la pile centrale par une escalade « classique », c'est ensuite la remontée des câbles au plus haut du tablier.
Quatre gros câbles orange au cœur desquels il va s'enchâsser, un câble pour chaque main et chaque pied.
Les pieds en adhérence fragile sur le métal torsadé, il progresse en opposition, comme à l'intérieur d'une cheminée sans murs.
Assez rapidement, l'ascension devient une véritable bataille et la progression sur les câbles se résume à un ramping vertical, une tentative désespérée pour s'extirper vers le haut. Sur une telle hauteur, impossible de ne tirer que sur les bras, il faut aussi fournir un effort plus important de poussée sur les cuisses.

« Je revois encore mes pieds en adhérence précaire sur les torons de ces énormes filins de métal, prenant conscience du danger grandissant à leur faire confiance... » Micro-alertes où le corps communique avec le cerveau.
Plutôt que de rester encastré dans les câbles, il choisit de les remonter en Dülfer.
Tout se résume alors en une succession de petites sections : il compte un certain nombre de mouvements qu'il essaye d'effectuer le plus rapidement possible, se repose quelques secondes et recommence le cycle.
Même si l'ascension va lui prendre moins d'une heure, Alain perd totalement la notion du temps, au point qu'aujourd'hui encore, il est incapable d'évaluer le temps qu'il lui a fallu pour atteindre le sommet de la pile, d'où il est possible de rejoindre beaucoup plus facilement le point culminant :
« Dans ces moments-là, le temps s'arrête, il ne reste que le souvenir de la bagarre avec soi-même.
C'est ça aussi qui est intéressant, tu rencontres des obstacles, tu gères des situations, tu cherches des solutions, et tout cela parfois en quelques secondes. Le temps écoulé disparaît complètement de l'équation, il ne reste qu'un grand blanc. »
Lorsqu'il arrive à la moitié de l'ascension, le vent s'est levé et commence à se renforcer.

◂ Les câbles du *Golden Gate Bridge* proposent une escalade atypique et une sensation de vide inégalée.
San Francisco -1996.
Coll. Robert

Alain peut sentir le parfum iodé venu du Pacifique, mais le vent a surtout comme conséquence de faire osciller les câbles, d'une manière légère mais suffisante pour accentuer le sentiment de précarité.
Fatigué, manquant de réserve, un dernier effort, un passage-clé, comme dirait le grimpeur, se présente sur l'ultime mètre des câbles, quand ils disparaissent dans la structure du tablier et qu'il est alors obligatoire de les pincer pour se rétablir.

Au sommet, deux policiers montés en ascenseur l'attendent, assez agressifs, car sûrement mécontents de devoir passer leur soirée à une telle hauteur pour les lubies d'un petit Frenchy.
À cette époque, ce dernier ne parle quasiment pas anglais, ce qui n'aide pas à une communication déjà tendue !
Empoigné sans ménagement par les deux cops qui lui aboient des choses qu'il ne comprend pas, il est menotté, les mains dans le dos. Ne pouvant s'aider de ses mains, il est obligé de désescalader des échelles verticales face au vide, prenant ainsi le plus gros risque de la journée.

« Je savais qu'il y avait des caméras partout, mais je me suis toujours dit que les gens derrière les écrans n'étaient pas concentrés en permanence ! J'avais juste omis un détail : ce n'est pas un bâtiment privé mais fédéral. Et s'attaquer à du fédéral aux États-Unis, cela peut avoir des conséquences beaucoup plus graves. ».

Sur tous les continents, il escalade les bâtiments et les constructions les plus célèbres.
Le Golden Gate à San Francisco.
Les tours Petronas à Kuala Lumpur.
L'Empire State Building à New York.
Toutes ces ascensions sont évidemment illégales.
LE SEUL SOUCI, C'EST QUE JE FINIS LA PLUPART DU TEMPS EN PRISON. JE CONNAIS CELLES DE TOUTES LES GRANDES VILLES DU MONDE.
POLIZEI
Dans le monde entier, «Spiderman» attire les foules. Il devient le grimpeur français le plus célèbre à l'étranger. Aujourd'hui, à 60 ans, il continue de vivre en *outsider*, comme il l'a toujours fait.
«Oui, l'escalade peut être dangereuse, mais c'est moi et moi seul qui choisis mon niveau de risque. Et je fais rêver toutes ces personnes[1] !»
Ainsi, après son ascension du Golden Gate, il passe six jours derrière les barreaux, s'attirant la curiosité des autres détenus en excellant en pompes d'un bras.
C'EST LE "FRENCH SPIDERMAN" !
38, 39, 40...
IL A BATTU NOTRE RECORD...

Alain se retrouve directement en garde à vue au *Marin County Jail*, peu préparé à faire face à la bureaucratie américaine.
À force de crier pour avoir droit à un coup de téléphone vers la France, ce qu'on lui refuse, il change bientôt d'uniforme, passant du bleu (pour prisonnier facile) à orange (pour délinquant dangereux).
Après une fouille totale humiliante et un nettoyage musclé au tuyau d'arrosage, il atterrit dans une cellule avec, comme compagnon, un illégal Mexicain arrêté pour deal de cocaïne.
Dans un uniforme bien trop grand pour son mètre soixante-cinq, il se retrouve dans la cour grillagée où des prisonniers bodybuildés passent leur temps à s'entraîner à la musculation. Certains font quelques pompes d'un bras en hurlant pour s'encourager.
À cette période, Alain est surentraîné, capable d'effectuer d'affilée quatre-vingts pompes dans ce style !
D'abord perplexes et agressifs devant ce petit blanc sec et maigre, les prisonniers sont bientôt médusés par ses performances physiques.
Alain gagne ainsi le respect général, devenant une sorte de mascotte exotique. Il se retrouve attaché avec eux par grappes, enchaînés aux chevilles, au corps, sans distinction de couleur de peau ou de crime.

Pour Alain le non-violent, c'est le début d'une longue liste de rencontres dans les prisons du monde entier.
Au bout d'une semaine de détention (pour la première fois de sa vie), il est déféré devant un juge, demandant dans un très mauvais anglais à se défendre lui-même.
Sa productrice lui trouve finalement un avocat et il est libéré, l'État californien estimant qu'une semaine de détention constituait une peine suffisante pour avoir « trespassed » le *Golden Gate*.

En 2007, il escaladera son « jumeau » européen à Lisbonne, le *Pont du 25 Avril* (190 m), inspiré du *Bay Bridge* entre San Francisco et Oakland.
La même sensation grandissante de fatigue et de danger reviendra, montrant bien la particularité de ce genre d'escalade sur des câbles verticaux.
Nous avons tous le souvenir douloureux de l'épreuve de la corde fixe à l'école sur juste quelques mètres pour compatir !
Même après la leçon du *Golden Gate*, le manque de « carburant » se fera sentir à peine passé le premier tiers, surtout lorsqu'on lève les yeux et qu'on mesure le chemin qu'il reste à parcourir…
« *Plus d'une décennie plus tard, j'ai pris la même claque ! Rien n'est jamais acquis. On pense toujours qu'on est bien préparé mais ce n'est jamais totalement le cas. Et dans mon activité, le sans-faute est impératif.* »

Depuis, personne n'a gravi le *Golden Gate* de la même manière qu'Alain.

▲ Dans les derniers mètres des câbles, avant d'arriver au passage le plus difficile pour rejoindre la structure du pont. Coll. Robert

◀ Extrait de la bande dessinée *Il était une fois l'escalade* (Les Arènes BD - Les Éditions du Mont-Blanc).

TOUR FRAMATOME, LA DÉFENSE, 1998

Lors de sa première ascension à La Défense, sur la *tour Elf* (*Total* aujourd'hui), un monolithe opaque de 180 mètres avait intrigué Alain. Cette tour semblait complètement lisse, inaccessible et futuriste. Bâtie de marbre noir et de verre fumé, la *tour Framatome*, aujourd'hui *Areva*, ressemblait à une forteresse imprenable, telles les citadelles du désert construites par les croisés, monstres de pierres plantés au milieu des sables infinis, symboles d'une puissance divine.

« Durant des années, je passais au pied de cette tour, trop impressionné pour espérer la grimper, trop fasciné pour détourner mon regard.
Une mauvaise fissure peu crochetante rayait la face, rendant l'ascension d'autant plus problématique que la qualité du verre empêchait la moindre tentative d'adhérence pour les pieds.
Si la fissure crochète suffisamment, je peux imaginer m'arc-bouter en posant les pieds à plat contre les vitres mais Framatome ne me laissait aucun espoir de pouvoir utiliser cette technique.
Après différentes escalades de buildings, j'avais d'ailleurs tenté quelques mouvements de cette manière pour en avoir le cœur net : impossible ! Après quelques mètres, je faillis tomber et redescendis en catastrophe.
Le mystère demeurait. L'envie aussi.
Grimper en opposition (en Dülfer), la technique employée généralement en fissure lorsque des coincements sont impossibles, semblait la seule issue réalisable. Mais grimper de côté, les mains tirant et les pieds poussant sur la fissure, ne résolvait pas mon problème. Certes, les mouvements devenaient envisageables de la sorte mais demeuraient irréalistes sur une telle hauteur, d'autant que la structure n'offrait aucun moyen de se reposer ni de sortir de cette logique d'opposition, d'effectuer un autre mouvement pour relâcher des muscles trop sollicités.
Des abdominaux en titane auraient simplifié l'opération mais ayant déjà suffisamment de ferraille dans le corps pour faire sonner les portails de douane des aéroports, l'alternative d'une nouvelle intervention chirurgicale ne me semblait pas utile.
Je devrais me contenter de mon corps.
Du moins, ce qu'il en restait...
Mes abdominaux étant déjà mon point fort, le problème restait insoluble. Renforcer encore cette chaîne musculaire me paraissait hypothétique...
Après deux années d'expectative, j'allais sur la face cachée, à l'abri du regard des vigiles, m'essayer à quelques étages, histoire de vérifier mes impressions, contrôler que la face avait gardé en état toutes ses défenses.
Et, chaque fois, la même évidence : Framatome conservait son mystère.
Dix mètres sur cette tour me fatiguaient davantage que l'escalade intégrale de la tour Montparnasse !
La répétition des mouvements use toujours davantage les muscles qu'un enchaînement de positions variées.
L'issue restait aussi sombre que le building lui-même...
Mes calculs théoriques m'offraient 100 mètres d'autonomie. À peine plus de la moitié de la face...
À chacun de mes passages à Paris, j'avais pris l'habitude de réserver une heure pour me rendre au pied de la Framatome. Simple visite de courtoisie.
J'étais un courtisan, un amoureux éconduit revenant conter ballade sous les balcons de sa belle.
Plus le temps avançait, plus je la désirais, partagé entre la peur de lui faire mes avances et la nécessité de me dévoiler, de me jeter à corps perdu dans sa conquête.
Toutes les forteresses, aussi puissamment défendues qu'elles aient été, sont un jour tombées dans l'escarcelle de l'assaillant, sauf la tour de Babel, la tour de la vanité.
Était-ce vanité de ma part qu'espérer un jour la conquérir ?
Était-ce le fruit défendu ?
Celui par lequel je courrais à ma perte ?
Mais ce fruit mûrissait, lentement, inexorablement, jusqu'à être cueilli.
Le déclic vint de l'extérieur. Une télévision polonaise voulait filmer une de mes ascensions.
Avec Framatome, les Polonais ne seraient pas déçus !
Inconsciemment, il ne me manquait qu'une excuse pour mieux assumer la prise de risque, comme si j'avais été redevable de ces gens. Puis, je voulus abandonner, me prouver que je voulais rester en vie.
L'éternelle bataille de la conscience et de l'inconscience.
Quelle différence y a-t-il entre les mots "envie" et "en vie" ?
Un simple espace. Un espace de 180 mètres exactement.
Par précaution, j'avais au départ prévu de me munir d'un crochet relié à une ceinture qu'il était ainsi possible de glisser dans une fente verticale.

◂ La *tour Framatome/Areva*. © Ebacol/Shutterstock

Framatome - 1998

Si l'histoire devait tourner au vinaigre, je pourrais, en basculant le poids du corps sur celui-ci, relâcher mes bras. Encore fallait-il que le crochet ne glisse pas...
Son emplacement paraissait si improbable qu'imaginer avoir à utiliser ce joker m'effrayait davantage qu'il ne me rassurait, et finalement j'y renonçais...
Je me lançai mais après 40 mètres, les malléoles broyées, le doute prit le dessus.
"Tu ne peux plus avancer ! Redescends !"
Cette pensée fugace me traversa l'esprit comme un éclair de lucidité. Redescendre : du premier coup d'œil, je compris qu'il n'en était même pas question.
J'avais déjà franchi le point de non-retour.
Il fallait faire avec. Sortir ou mourir.
Jamais la précarité de ma situation n'avait été telle.
J'en étais conscient.
Mort de peur mais détaché du réel... Déjà ailleurs.
Étrange sentiment que de naviguer entre la vie et la mort, au-delà des limites connues.
Le sommet paraissait si lointain.
Je flottais entre deux eaux, comme le plongeur privé d'oxygène, attiré par la douce lumière filtrant à travers la masse d'eau le séparant de la surface mais happé par le noir abyssal du tréfonds.
Sur le parvis, Nicole et les enfants assistaient au spectacle, ou plutôt au naufrage.
Julien, l'aîné, ne voyait déjà plus les choses avec des yeux d'enfant. Son père était en danger, il le savait : "Maman, Papa ne va pas y arriver..." Ils partirent.
Je ne distinguais plus les visages. Je ne distinguais plus plus grand-chose d'ailleurs, si ce n'était le chemin restant à parcourir.
J'avais préféré ne prévenir aucun média, si ce n'était ce cameraman polonais. Framatome, j'en avais fait une histoire très personnelle, une affaire à régler d'homme à building.
Comme pour les tours voisines de la Société Générale, encore un cran au-dessus dans la difficulté, autour desquelles je tournais depuis des années, cherchant la faille, le détail qui me permettrait d'oser mais que j'ai finalement renoncé à affronter.
Certains projets méritent l'intimité, le recueillement.
Ma famille n'aurait pas dû venir.
C'était une erreur. Une torture. J'aurais détesté me voir grimper, me voir dépassé par la difficulté de l'escalade.
Rétrospectivement, je leur demande pardon, pardon d'avoir été si égoïste. Si cette vie m'a permis de me réaliser, ne fût-ce pas au détriment des miens, à qui je fis subir la torture de l'attente ?
Si j'étais tombé, quelle image auraient-ils gardée de moi ?

◂ Coincements d'orteils et de doigts obligatoires dans la fissure rectiligne de la *Framatome*. 1998. Coll. Robert

SI J'ÉTAIS *tombé* QUELLE *image* AURAIENT ILS GARDÉE DE MOI ?

La satisfaction d'avoir partagé mes derniers instants, comme on accompagne un mourant en lui tenant la main, ou l'horreur d'avoir assisté à ma chute, d'avoir gravé dans leur mémoire la violence du bruit sourd d'un corps qui s'écrase sur le sol ?
Il m'arrive souvent de tomber.
C'est un cauchemar récurrent.
Je grimpe sans savoir s'il s'agit d'une falaise ou d'un building et rien ne va plus : je panique.
Mes muscles, endormis par l'acide lactique, ne répondent plus. Mes pieds glissent sur les prises et mes doigts s'ouvrent doucement malgré mes efforts.
Je sais que la chute est inéluctable mais je me bats jusqu'au bout, jusqu'à la dernière seconde où je m'envole, vers le haut !
Car je tombe en direction du sommet. Je m'envole !
Généralement, je me réveille à cet instant.
Ma conscience refuse la chute. Elle ne nie pas le principe mais refuse la notion de pesanteur.
Dorénavant, on chutera comme une bulle de savon et on s'envolera comme une pierre.
Le monde à l'envers.

Pour avancer, la fissure m'imposait d'avoir les pieds à 70 centimètres des mains, décalant d'autant mon corps vers l'arrière, comme si j'avais grimpé en dévers. Sur une telle distance, la dépense physique est énorme. Un arrêt fugace, nerveusement éprouvant, ne réglait rien. Il fallait repartir, aller voir plus haut si j'avais une chance d'y être.
Ne pas rester tétanisé par l'enjeu.
Trouver la force de repartir, de larguer les amarres.
Si mes malléoles semblaient s'habituer, mes bras restaient explosés.
Et en escalade, plus les bras sont fatigués, moins bien on place les pieds. Dans cette fine fissure, je devais m'y reprendre à plusieurs fois pour coincer mes pieds.
À défaut d'être fluide, j'avançais. Mètre après mètre.
J'avais l'impression de grimper depuis des heures.
Franchir cette barrière psychologique me rendait les choses plus compliquées. On a tous nos limites mais je ne savais alors toujours pas où fixer les miennes.
Jusqu'où pousser le bouchon dans des voies que je ne pouvais repérer au préalable ?
Un peu shooté par l'effort et l'enjeu, je poursuivais ma progression dans un état second, entre conscience et inconscience, acceptant la fatalité.
Sans regret mais bien décidé à me battre.
Le vide semblait insondable, la chute interminable.
Quitte à en finir, autant le faire avec grandeur.
La mort ne viendrait pas me chercher, j'irai la rejoindre.
À quel étage ?
La moitié de la face avait allègrement été franchie.
Bientôt, je distinguais au-dessus de moi, mais bien sur la gauche, le sigle Framatome, *fragile comme du cristal.*
Comme un clin d'œil, il me signalait le début de la fin.
Je le dépassais comme si j'étais sorti d'une tranchée au son du sifflet sous la mitraille ennemie, en apesanteur, porté par des flots d'adrénaline.
Plus que 20 mètres. Et si je réussissais ?
Je sentis la panique me gagner. La vie m'avait quitté après une dispute stupide à 40 mètres du sol.
Maintenant, elle venait s'excuser, me demander pardon.
Elle me voulait à nouveau. Et je ne voulais plus la perdre.
Si près du sommet, je l'aimais trop.
Si fort que je restais paralysé.
À cet instant, je voulais l'oublier, finir de régler les affaires courantes.
Son retour impromptu me déstabilisait, prenait trop de place. Ne pas croire à la victoire possible.
Rester concentré. Oublier.
Faire le vide pour en perdre la notion puis répéter les mouvements qui m'avaient conduit jusqu'ici.
Mais, ultime mauvaise surprise, à plusieurs endroits la fissure se rétrécissait, tellement étroite que poser les pieds sur son rebord devenait très délicat, rendant évidemment l'escalade encore plus difficile...
J'ai appris à maîtriser mes émotions, à les transformer en carburant pour avancer plus vite ou plus loin, mais l'intensité de la charge émotionnelle est parfois si forte que le cerveau disjoncte, invente des couleurs incroyables, des sentiments inconnus.
Un véritable feu d'artifice !
L'adrénaline, à forte dose, devient la plus puissante des drogues. Elle réveille le corps et shoote le cerveau.
Paradis artificiels contre paradis tout court, j'ai choisi mon camp. Malgré tout, je ne pus m'empêcher de tout donner, de me vider.
Et dans les tout derniers mètres, la peur de gagner me coupa le souffle.
En apnée, j'atteignis le sommet sous le regard heureux de mon ami le capitaine Alain Moulin. Numéro deux du commissariat de La Défense, nous avions appris à nous connaître et à nous respecter au fil de mes nombreuses visites dans son aire d'influence. Je crois même pouvoir dire que nous sommes devenus amis.
Alain connaissait mes doutes, la difficulté de la tour et le pile ou face auquel j'avais dû jouer.
J'étais ressuscité.
Mes yeux restèrent hagards et ma joie avait encore du mal à s'extérioriser. Heureux mais sonné par le relâchement de la tension, je dus lutter pour ne pas écraser une larme de stress, du trop-plein d'adrénaline mais pas de faiblesse, ni de remords.
Déjà, je sentais une grande force m'emplir peu à peu, remplacer dans mes veines cet acide lactique qui m'avait mortifié. Une force à déplacer des montagnes, presque effrayante.
La réussite de Framatome *m'ouvrait des portes inconnues, des challenges auxquels je ne renoncerais pas.*
Il ne s'agissait pas d'inconscience, je connaissais les risques et les enjeux.
Oui, si je tombe, c'est la chute, et si je chute, c'est la tombe ! On l'avait oublié. Même moi... Et puis après ?
Je ne dois rien à la chance, ni au hasard.
J'ai grandi doucement, au fil de mes solos, au gré de l'expérience qui m'a fait franchir toutes ces étapes. »

▸ La vie au bout des doigts, ça n'est pas qu'une image...
Coll. Robert

SEARS TOWER, CHICAGO, 1999

Dès son premier voyage à Chicago en 1993, Alain rêvait de la *Sears Tower*. Du haut de ses 443 mètres, c'était alors la plus haute tour des États-Unis, et même du monde. Elle ne sera dépassée qu'en 1998 par les *tours Petronas* en Malaisie. La capitale du Michigan est aussi celle où il a gravi son premier building international en 1994, le *Citicorp*.

« Au départ de chacune de mes escalades, j'essaie de ne pas penser à l'échec, même si, sans cette incertitude, le jeu serait encore plus risqué.
La peur de l'échec sans rémission sert de garde-fou, de ceinture de sécurité, mais sans airbag…
La conscience évite l'inconscience.
Pourtant, au pied de la Sears Tower*, face à ce miroir de plus de 400 mètres, cette incertitude salvatrice n'avait jamais été aussi présente.*
Autant dire que, planqué dans ma voiture, au moment d'enfiler mes chaussons, un rituel plus ou moins long selon la technique de grimpe employée, je me sentais tout petit, presque écrasé par un destin qui me poussait à aller grimper une tour qui avait fait la fortune des laveurs de carreaux de la région.
Un mètre soixante-cinq contre 443 mètres, le rapport était exactement de 268 contre un ! Au tiercé, ça ferait de beaux gains, en escalade, j'en étais moins sûr…
Rarement la sensation d'aller vers la mort n'avait été aussi présente. C'en était même surréaliste, comme ces condamnés qui vont au poteau d'exécution avec le sourire, bravant un destin qu'ils savent inéluctable.
Sauf que les seuls fusils braqués sur moi étaient les puissants téléobjectifs des photographes…
Après, je me suis évanoui en moi-même pour mieux me concentrer, pour mieux me remplir.

▲ Le « demi-kilomètre vertical » de la *tour Sears* atteint parfois les nuages. Coll. Robert

▸ La *tour Sears*. © Camcasey/Pexel

L'escalade était difficile.
Dès les premiers étages, je savais à quoi m'en tenir…
En effet, la symétrie de la construction faisait qu'à chaque étage je répétais le même enchaînement de mouvements. À moi de trouver la méthode la plus aisée.
Seuls le départ, un hall monumental, mais aussi le sommet, une corniche plus ou moins marquée, différaient du reste du bâtiment.
Dès les premiers mètres d'ascension, je savais ce qui allait suivre, sauf erreur…
C'est parfois étonnant comme ces géants de béton sont mal construits !
Personne ne semble s'être inquiété de leur finition extérieure : joints mal faits, vitres mal ajustées, marbre fissuré, différences notables de fabrication d'un étage à l'autre. J'ai aujourd'hui suffisamment d'expérience pour me transformer en expert auprès des assurances…
Sauf que pour moi, la moindre différence de fabrication peut m'envoyer au tapis.
Une prise qui casse ou qui disparaît et, dans un cas comme dans l'autre, je suis, au pire, bon pour le grand vol et, au mieux, paré pour un grand bol d'adrénaline et condamné, en désespoir de cause, à me sortir de ce pétrin. Sur un building, si l'on répète toujours la même séquence de mouvements, il n'y a cependant pas de place pour la routine.
Chaque fois que l'on se croit tranquille, maîtrisant parfaitement les difficultés, on relâche sa vigilance.
Il m'est arrivé de me faire beaucoup plus peur sur un immeuble quelconque d'une cinquantaine de mètres qu'au sommet d'un édifice ou d'une paroi de 400 mètres !
Sauf sur la Sears…

Tour Sears - 1999

Pourtant, l'ascension avait plutôt bien débuté.
Je savais l'escalade technique, totalement en fissure pour les mains et les pieds, avec parfois ces derniers à plat, directement posés sur les vitres.
Les 150 premiers mètres furent avalés sans même que je m'en rende compte, d'un seul jet.
Lorsqu'on s'attaque à un demi-kilomètre vertical, mieux vaut éviter d'y passer des heures. J'avais donc choisi de grimper vite au départ, sans pour autant m'épuiser, mais sans faire de tourisme non plus...
La première fois que je me suis retourné pour apprécier ma progression, je n'ai pu retenir un petit haut-le-cœur. L'habitude ne fait pas tout : sur un immeuble, le vide habite à chaque étage ! C'est une question de perspective. Dans la nature, les lignes verticales ne sont jamais aussi droites, aussi tendues. Il y a toujours une vire, une terrasse ou un arbre pour couper la pureté de la ligne droite. En ville, et peut-être plus encore à Chicago, cette impression de vide est renforcée par la densité des buildings. C'est incroyable comme une avenue, même en version american size, quatre voies bordées de larges trottoirs, pouvait sembler minuscule vue de mon nid d'aigle, surtout lorsqu'elle était prise en tenaille avec un autre édifice. On se croyait dans l'un de ces dessins animés où les précipices n'ont d'égal dans le délire que les chutes sans danger que l'on y fait...

À Chicago, je me sentais bien, content d'avoir progressé à la vitesse voulue dans cet univers surréaliste.
Le bruit de la ville montait tel un vaste brouhaha où se mêlaient les sirènes des pompiers, celles de la police et d'autres, indéfinissables, comme si dans cette ville, chacun avait sa propre sirène. Au-dessus de moi, la Sears s'envolait littéralement, presque aussi infinie que la tour de Babel. Ai-je pensé à l'échec ?
Non, pas dans le feu de l'action, même si durant cette parenthèse, je me souviens encore m'être étonné de l'envergure du projet, de son côté délirant.
Pourtant, je ne l'ai pas formulé en termes d'échec.
Inconsciemment, mon cerveau faisait barrage, comme dans les rêves où, au milieu d'une fusillade, alors qu'on aimerait vider son chargeur sur cet ennemi féroce, les balles jaillissent sans force du canon du pistolet pour mourir à vos pieds.
Quand on est un gentil, on ne tue pas, même en rêve...
Mon cerveau faisait alors de même : accepter l'échec dans l'élaboration des projets et dans la vie en général, mais pas dans le feu de l'action, pas quand on peut encore l'éviter. Oser échouer est une attitude de gagnant, pas de perdant.

◂ Près du sommet de la *tour Sears* qui domine Chicago et le lac Michigan. 1999.
Coll. Robert

OSER ÉCHOUER EST UNE *attitude* DE GAGNANT, PAS DE PERDANT

Le renoncement, décider de se laisser porter par le courant, c'est vouloir échouer, se complaire et se perdre dans l'échec ! Nuance... Dans ma situation, les choses avaient au moins le mérite d'être claires : lâcher l'affaire, c'était dire adieu à la vie.
Je reste persuadé que l'une des vertus les plus importantes de l'escalade, même pratiquée dans les règles de l'art, encordée, demeure l'amplification de la perception des enjeux. Même lorsque la chute est sans véritable danger, le grimpeur va tout faire pour l'éviter.
L'escalade donne de l'importance, du relief aux choses.

Parvenu au 53e étage, j'observais mon avenir proche, soit une petite soixantaine d'autres étages en tous points similaires à ceux déjà gravis.
Trente minutes plus tard, je fis à nouveau une pause pour souffler un peu. Mes pieds me faisaient souffrir.
J'avais dû parcourir environ 300 mètres.
Les piétons s'étaient métamorphosés en fourmis et la grande échelle des pompiers semblait minuscule, comme une miniature posée sur la cheminée.
J'enchaînais.

La fatigue me gagnait, mes avant-bras avaient pris du volume, mieux valait écourter la partie. Et puis survint l'inattendu : un peu plus haut, à une cinquantaine de mètres du sommet, l'air plus frais à cette altitude se condensait sur la structure de verre sombre, ou peut-être était-ce dû aux bouches d'évacuation de l'air conditionné ?
Toujours est-il qu'une fine pellicule d'humidité recouvrait toute la surface de la tour…
L'adhérence, les pieds à plat sur les vitres, déjà précaire au départ, devenait carrément improbable.
Impossible de faire machine arrière : j'avais eu du mal à envisager d'escalader ces 400 mètres, alors s'il fallait aussi les descendre, le jeu serait alors sans aucune issue.
Pourtant, je me devais de garder mon calme, de dominer les émotions. Facile à dire…

Dès les premiers mouvements, mon pied zippa, me donnant l'horrible sensation d'être projeté dans le vide.
Durant une fraction de seconde, je contractais mes muscles espérant que les mains supporteraient l'effort engendré par ce déséquilibre. Le pied stoppa sa glissade sous la pression des abdominaux.
Cette fois encore, j'en étais quitte pour une grosse frayeur, un carton jaune. Le pire, dans une situation désespérée, ce n'est pas vraiment de s'en sortir : c'est un réflexe de survie. En revanche, continuer sa route est une autre histoire. Garder suffisamment de détachement pour ne plus trembler, se reconcentrer, voilà la réelle complexité d'une alerte. L'important n'était pas de savoir si j'avais failli tomber, mais que je n'étais pas tombé. Et c'était toute la différence : tant que la chute ne vient pas mettre un terme définitif à ma combativité, il n'y a pas d'alerte qui tienne, rien qui puisse bloquer la mécanique. C'est l'avantage de la zone rouge : il ne s'agit aucunement d'une limite binaire mais d'une zone assez vaste, où la machine flirte avec ses limites, sans casser, si tant est que le pilote ménage sa monture, la mène avec fermeté mais doigté…
J'aime utiliser cette image car elle correspond parfaitement à ce que je peux ressentir en grimpant : je taquine la limite, je joue parfois avec lorsqu'un de mes pieds glisse, comme un pilote automobile peut se laisser surprendre par des graviers ou un virage qui se referme un peu plus fort que prévu.
Alors d'un coup, l'adrénaline coule en abondance, un flot qu'il vaut mieux endiguer mais qui signifie seulement que l'on joue dans la zone rouge, là où l'on se doit d'aller pour mieux se connaître, mieux se respecter aussi.
Le jour où je ne parviendrai pas à stopper la glissade de mes pieds, que mes mains s'ouvriront irrémédiablement, je partirai sans regrets ni remords, en paix avec moi-même. Si je dois perdre la vie en grimpant, je l'aurais bien cherché, dans le sens positif du terme. Et alors ?
À l'heure du bilan, regretterai-je d'avoir suivi ma voie ?
Pourtant, je tiens à la vie plus qu'à tout.

C'est même à cause d'elle que je taquine les buildings, pour ne jamais oublier d'être heureux au réveil, d'apprécier même les choses les plus simples. Assimiler cette nécessaire part de zone rouge à un comportement suicidaire correspond à de l'aveuglement pur et simple.
Oser échouer, c'est accepter de risquer sa vie, sciemment, mais avec la juste certitude que l'on freinera à temps, que son libre-arbitre sera à même d'évaluer l'instant où renoncer ne rime plus avec se renier.

◂ ▴ Passage difficile au niveau des grilles d'aération bouchées du haut de la tour. Coll. Robert

Encore 50 mètres. Malgré l'humidité, j'avais réussi à adapter ma technique et à retrouver un rythme vers le haut. Parfois, les volutes de brume m'enveloppaient, m'effaçant de la paroi pendant quelques secondes.
Les têtes qui dépassaient du sommet disparaissaient comme des ombres, me laissant seul, dans mon nuage, comme si j'étais monté trop haut, trop loin.
Le paradis ? Déjà ? Même le vide se comblait.
Sensation étrange que de perdre ses repères dans un nuage de coton anéantissant jusqu'au bruit de la ville.
Seul l'effort et mes mains contre l'acier me rattachaient au monde réel. Et mon souffle, le battement de mon cœur.
Lorsque l'extérieur se met en veille, c'est l'intérieur qui s'éveille. Et puis, tout à coup, le retour au réel.
Les têtes ont grandi, j'ai dû avancer.
Combien de temps s'est écoulé ? Dix secondes ? Cinq minutes ? Impossible à dire. J'avais dû progresser de quelques étages supplémentaires.
Étais-je sorti du nuage ou s'était-il effacé ?
Cette interrogation m'amusait. Étais-je comme un avion dépassant progressivement la masse nuageuse ?
En tout cas, le soleil ne brillait toujours pas et la structure perlait d'humidité, me ramenant rapidement à la dizaine d'étages supplémentaires à gravir pour parvenir au sommet d'un building dont l'ascension me paraissait simplement impossible. J'étais parti sans savoir, avec si peu de chances de réussite que ces derniers mètres m'effrayaient encore davantage.
Cette tentative était illogique, franchement débile.
Comment avais-je pu croire en mes chances ?
Et comment avais-je eu raison ?
J'avais du mal à rester concentré, même si je savais par expérience que les derniers mètres d'une ascension majeure sont toujours les plus difficiles car le cerveau a davantage de peine à maîtriser les émotions.
La peur de gagner ou la peur de tout perdre ?
L'angoisse de l'avant-centre face au but, l'angoisse du tennisman au moment du point décisif.
À chaque nouvel étage maintenant, je dépensais un peu plus d'énergie à serrer trop fort cette putain de fissure.
Et à trop serrer les prises en escalade, on se fusille les avant-bras en deux temps trois mouvements.
Je le sais, je le savais. Mais à quoi bon ?
Plus que cinq étages. J'étais déjà au sommet sans y être vraiment. Ne pas se précipiter.
Essayer de croire que l'on aimerait bien rester encore quelques minutes à jouer avec le vide, tenter de se persuader que c'est dommage d'arriver si vite, si tôt...
Pourtant, le sommet attire le grimpeur comme un aimant. Et le repousse comme un amant ?
Traîtresse maîtresse que l'escalade.
À quelques mètres de moi, ce n'étaient plus des têtes mais des yeux qui me fixaient. Exorbités comme ceux d'une chouette. Ne pas les regarder. Attendre le dernier moment pour capter leur frayeur si contagieuse.
Pour rester dans mon monde, je regardais mes pieds, me concentrais sur leur travail. Pas de glissade.
Et puis, au moment d'aller chercher avec la main la prise suivante, je coiffais le sommet. J'étais sorti.
J'étais vivant, même si le regard des autres, les vrais vivants, me laissait comme un doute.
Avant d'être saisi, il y eut comme un vide, comme s'il m'avait fallu franchir un sas de décompression pour parvenir jusqu'à eux.
J'aurais aimé pouvoir m'asseoir seul au sommet, les pieds encore dans le vide, et respirer tranquillement, profondément, mais on ne me laisse jamais cette chance, cette minute de silence.
J'avais vaincu l'invincible.
Ma folie m'effrayait presque mais l'euphorie balaya tout sur son passage. Mettez-moi en prison, je rongerai les barreaux avec mes dents, jetez-moi dans la fosse aux lions que je les mange, montez-moi sur le bûcher que je l'éteigne d'un souffle ! Si la Sears n'avait pas eu raison de moi, qui le pouvait ? »

LES DIX PLUS HAUTS ÉDIFICES GRIMPÉS DE L'HISTOIRE, EN LIBRE ET EN SOLO (SAUF LA BURJ KHALIFA), TOUS EN PREMIER PAR ALAIN ROBERT

1 - *Burj Khalifa*, 828 m, Dubaï, 2011, AR7 (hormis certains passages en escalade artificielle).
2 - *Taipei 101*, 508 m, Taipei, 2004, AR6.
3 - *Tours Petronas*, 452 m, Kuala Lumpur, 2009, AR8.
4 - *Tour Sears*, 443 m, Chicago, 1999, AR9/10.
5 - *Tour Jin Mao*, 420 m, Shanghai, 2007, AR2.
6 - *Two International Finance Centre*, 415 m, Hong Kong, 1996, AR5.
7 - *Tour Sydney* (*Centrepoint*), 309 m, Sydney, 1997, AR7.
8 - *Tour Cayan*, 306 m, Dubaï, 2015, AR3/4.
9 - *Tour Torch*, 300 m, Doha, 2012, AR5.
10 - *Tour Eiffel*, 300 m (sans l'antenne), Paris, 1996-1997, AR2.

Top 7 des tours

▲ ▶ (*et pages suivantes*)
En 2012, Alain gravissant les 300 mètres de la *tour Torch* de Doha.
© Emmanuel Aguirre

Fou À LIER ?

Nous pouvons assurément dire que notre patient n'est pas porteur d'une maladie psychiatrique. Son état ne nécessite aucun traitement médicamenteux et ses actes ne relèvent pas d'une hospitalisation.

Docteur Jean-Christophe Brunat, neuropsychiatre

◂ Alain Robert : le grimpeur qui n'a pas besoin de corde !
© Philippe Poulet

GORGES DU VERDON, 1996

Nouveau saut temporel.
En octobre 1996, Alain est devenu une star mondiale grâce à ses premières escalades urbaines.
Il est de retour en France, plus précisément dans l'un des temples de l'escalade libre : les gorges du Verdon. Nichées dans l'arrière-pays provençal, elles incarnent l'un des berceaux de ce sport qui s'est renouvelé depuis des années soixante-dix. La notoriété de ces gorges avait alors explosé grâce aux « nouveaux mutants » comme Patrick Berhault et, bien sûr, son ami Patrick Edlinger, le premier à gravir dès 1983 en libre et encordé ce bombé parfait de calcaire gris suspendu près de 300 mètres au-dessus des flots du Verdon et qui constitue le nouvel objectif d'Alain. *Polpot* annonce alors une cotation en difficulté pure de $7c^+$, soit ce qui peut être considéré comme l'aventure la plus audacieuse sans corde. Il se dénomme ainsi en référence à Pol Pot, le chef des Khmers rouges, peut-être pour signifier le sinistre danger de ce passage si haut perché entre ciel et terre.

Bien qu'ayant déjà basculé dans un autre monde, Alain n'en a pas oublié le rocher. Parfois il grimpe encordé, mais en ne mousquetonnant que très peu de protections, une sorte de solo presque intégral avec une corde qui pend derrière lui, afin de voir s'il est toujours dans le coup. À ce moment de son existence, et osons le formuler, de sa carrière, il souhaite entrer dans une autre dimension.

« Polpot *résumait la beauté du sport auquel je consacrais ma vie, loin de l'engouement médiatique de mes escalades citadines. Un retour aux sources, une farouche volonté de revenir au rocher, à l'essence même du geste avec cette exposition au-dessus du Verdon et l'engagement des mouvements.*
Il y avait quand même une logique dans cette évolution : le désir de faire quelque chose qui m'impressionnait réellement, de franchir la barrière de ma propre peur et de défier le raisonnable. »

Il y a d'abord une tentative avortée : « *J'étais avec une équipe de TF1 que j'avais attendue toute la journée.*
Ils devaient arriver dans la matinée et ne sont apparus qu'en fin d'après-midi. Le temps était venteux et froid, et toute cette attente à gérer, en plus du solo, m'a beaucoup pesé. Je voulais à tout prix faire cette voie, tout en me rendant compte que le jour J n'était pas celui qui me convenait : conditions météo, équipe de tournage que je devais installer moi-même dans la paroi et sur les cordes. Une telle entreprise nécessite un état de concentration proche de la transe, et là ce ne pouvait clairement pas être le cas, à devoir attendre pendant des heures sans pouvoir décider de son moment. »

Finalement, arrivé au passage dur, Alain sent bien que « ça ne va pas le faire » : « *Impossible de me souvenir où se trouvaient les prises dans cette voie que je croyais avoir apprivoisée, domptée. À 300 mètres du sol, j'étais perdu, pris d'une peur panique qu'il me fallait canaliser. "Jetez-moi une corde, vite !"*
Dans l'improvisation la plus totale, le cameraman put, après quelques minutes qui me parurent une éternité, me passer un brin de corde.
D'une main, je le nouai autour de ma taille avant d'être treuillé jusqu'au sommet. Échec cuisant.
J'étais passé tout près de la catastrophe, sans raison précise. Aurais-je pu désescalader si le cameraman n'avait pas été là ? Difficile à dire.
À coup sûr, j'aurais tenté de sortir vers le haut ou vers le bas car je n'aurais pas pu tenir longtemps dans la position délicate où je me trouvais.
Comme un enfant s'offrant une parenthèse en dressant les pouces au ciel, j'aurais aimé pouvoir tout effacer, recommencer depuis le début, ne plus assumer la partie. Mais le solo n'est pas un jeu d'enfant.
Il fallait impérativement trouver une solution, réagir en contenant la peur qui dévore l'énergie, bloque le cerveau, et garder mon sang-froid jusqu'à me retrouver sur le plateau sommital. Ma vie était sauve. Pas ma fierté…
Par le passé, j'avais déjà fait des solos techniquement encore plus durs et scabreux, comme La Nuit *et* Pour une poignée de Chamallows*. Mais ces deux-là ne se trouvaient pas en plein milieu des gorges du Verdon, à une telle hauteur.* »

Au passage-clé, tous les soloïstes le savent, on bascule dans un moment un peu blanc, en dehors de la vie.

▸ Les falaises de l'Escalès dans le Grand canyon du Verdon, haut lieu de l'escalade mondiale où Alain effectua de nombreuses ascensions en solo intégral.
Le canyon fait jusque dans les 700 mètres de profondeur et la paroi dans les 350 mètres de haut. © Philippe Royer

Verdon - 1996

Parfois le souvenir de ces instants a même disparu, on retient l'avant et l'après, entre les deux, le temps s'est suspendu, il est devenu transparent.
« *Une assez longue déconnexion sur certaines portions* », comme le rapporte Alain. Ce sont cet état d'esprit et cette atmosphère particulière qui ont toujours suscité une certaine incompréhension de la part du public, et même chez les grimpeurs ne pratiquant pas le solo.

Alain décrit ainsi avec ses mots de grimpeur celui de *Polpot* : un plat main droite, une adhérence de pied et un monodoigt main gauche très bas.
Alors, un grand mouvement en arc de cercle main gauche pour arriver sur une goutte d'eau salvatrice qui permet de ramener la main droite sur une meilleure deuxième prise verticale que les grimpeurs de plus grande taille peuvent attraper directement.
La rotation du bras gauche est tellement importante qu'Alain se retrouve à quelques centimètres de la fameuse goutte d'eau.
Instinctivement, il est alors obligé de pousser sur l'adhérence pied droit et d'effectuer un mouvement dynamique en hyper extension, donc avec moins de contrôle, la pire situation pour un soloïste.
Un autre grimpeur de petite taille avait essayé encordé quelques années auparavant et avait jugé cela extrême pour des gens de moins d'un mètre soixante-dix.

▲ ▶ Le jour de l'enchaînement de *Polpot* (7c+ à 300 mètres du sol), à quitte ou double dans le passage-clé… Coll. Robert

« *J'ai peu travaillé la voie encordé avant de me lancer en solo, car une fois la bonne méthode cherchée, je ne l'ai pas trouvée, tout simplement parce qu'elle n'existait pas pour moi ! Je me suis rendu à l'évidence que, même si c'était possible, rien ne pourrait empêcher le caractère aléatoire de l'entreprise…*
À l'entraînement, je ne réussissais le mouvement que deux fois sur trois car sur une prise de pied en adhérence, plus on relève le talon pour se grandir, plus on a tendance, par simple effet mécanique, à chasser la pointe du chausson de la prise.
À l'inverse, sur une prise crochetante, plus on va relever le talon et plus on va appuyer dessus.
Dans Polpot, *pas de chance, la prise n'est qu'un vague creux, comme la marque d'une cuillère à soupe dans un bloc de glace à la vanille…*
Retourner dans Polpot *m'effrayait.*
Mais c'était une nécessité. Je n'avais pas d'autre choix, d'autant que ce mois d'octobre continuait malicieusement à proposer des conditions d'été indien, idéales pour grimper dans le Verdon.
Cinq jours plus tard, j'y étais de nouveau, accompagné de ma femme, de mes enfants et d'un ami photographe de l'agence Gamma. Une cérémonie dans l'intimité…

Le pouvoir maléfique de Polpot *vacillait déjà.*
C'était lui ou moi, je n'avais pas d'autre choix sinon d'être enfermé chez les fous sous camisole chimique.
Au pied du passage-clé, je n'eus pas même une pensée pour ma précédente tentative.
J'étais en colère, prêt à en découdre.
Poussant sur ma jambe, je me relevai pour saisir cette prise presque inaccessible pour les petits.
Elle l'était toujours, me narguant quelques centimètres plus haut. Dans un dernier effort, je me remontai sur la pointe du pied, détendu au maximum, conscient que la pointe de mon chausson pouvait gicler d'un moment à l'autre, me précipitant dans le vide.
Concentré sur mes orteils, à l'écoute même de mes orteils, je continuai à pousser jusqu'à glisser ma main dans la fameuse prise.
Quelques secondes d'éternité, des secondes longues comme une vie... Et une seule phrase comme exutoire, hurlée au photographe : "Je suis complètement taré !".
Complètement libéré aussi. Complètement heureux.
J'avais bien conscience d'avoir eu de la chance mais j'étais certain de pouvoir tenir le coup, d'être capable d'oublier l'inoubliable. Puisqu'il faut croire en soi, il faut également suivre ses intuitions, ses sensations, se confronter à ses rêves, à ses illusions aussi.
Croire que l'on est exceptionnel confine à la mégalomanie, et j'espère ne pas l'être, mais au moins, s'il ne doit rester qu'une chose de mon parcours, c'est de ne jamais avoir été velléitaire. »

L'APOGÉE DE SA *carrière* DE SOLOÏSTE SUR ROCHER

Bien qu'il n'en ait pas conscience à l'époque, alors qu'il se tourne définitivement vers l'escalade urbaine, Alain réalisera les années suivantes à quel point *Polpot* représentait l'apogée de sa carrière de soloïste sur rocher naturel : « *Depuis le temps, j'ai vraiment pu analyser toutes mes ascensions et c'est sans aucun doute ma plus belle réussite.* »

Dans le reportage diffusé par TF1, il déclare : « *Quand la vie tient à quelques centimètres carrés de peau avec 300 mètres de vide en dessous, ça ne peut pas laisser indifférent.* »

« *Je peux être mon pire ennemi parce que je suis un jusqu'au-boutiste, c'est un de mes côtés qui m'effrayent parfois. Même si je vois le caractère dangereux, et qu'il serait plus raisonnable de ne pas y aller, cette pulsion est la plus forte. Mais c'est aussi une bonne peur car elle me pousse à savoir faire demi-tour une fois engagé.* »
Au bout du compte, c'est plus une question de foi que de gestion des paramètres.
Le calcul est toujours simple pour Alain : « *Si j'arrive à le faire avec une corde, alors c'est faisable sans. Cela devient surtout un challenge mental.* »

Amérique centrale et du Sud

- *FIESP*, 99 m, São Paulo, 1996, AR2.
- *Hôtel Vermont Ipanema*, 32 m, Rio de Janeiro, 1996, AR5.
- *Tour Parque Central*, 125 m, Caracas, 1998, AR5.
- *World Plaza*, 127 m, Mexico, 2006, AR3.
- *Tour Italie*, 163 m, São Paulo, 2008, AR1.

Moyen-Orient

- *National Bank of Abu Dhabi*, 175 m, Abu Dhabi, 2003, AR1.
- *Tour Murjan* (*Marina 1*), 185 m, Dubaï, 2004, AR3.
- *Etisalat Headquarters*, 185 m, Abu Dhabi, 2004, AR4.
- *Hôtel Phoenicia Intercontinental*, 70 m, Beyrouth, 2008, AR4.
- *Hôtel La Cigale*, 100 m, Doha, 2008, AR5.
- *Tour ADIA* (*Abu Dhabi Investment Authority*), 185 m, Abu Dhabi, 2007, AR3.
- *Burj Khalifa*, 828 m, Dubaï, 2011 (avec assurance, certains passages non grimpables en libre, et de nouveau avec Alexis Landot en 2023), AR7.
- *Tour Torch*, 300 m, Doha, 2012, AR5.
- *Tour Cayan*, 306 m, Dubaï, 2015, AR3/4.

Afrique

- *Tour IBM*, 91 m, Johannesburg, 1998, AR4.
- *Garden Court Holiday*, 150 m, Johannesburg, 1998, AR8.
- *Tour Télecom*, 110 m, Port-Louis (Île Maurice), 2012 (en escalade artificielle).

Australie

- *Opera*, 65 m, Sydney, 1997, AR6/7.
- *Tour Sydney* (*Centrepoint*), 309 m, Sydney, 1997, AR7.
- *Harbour Bridge*, 135 m, Sydney, 1997, AR2.
- *Royal Bank of Scotland*, 219 m, Sydney, 2009, AR1.
- *Lumiere Residences*, 151 m, Sydney, 2010, AR1.

Asie

- *ATV Asia*, 30 m, Hong Kong, 1996, AR2.
- *Nec Building*, 200 m, Hong Kong, 1996, AR4.
- *Far East Finance Centre*, 200 m, Hong Kong, 1996, AR3.
- *Two International Finance Centre*, 415 m, Hong Kong, 1996, AR5.
- *Hôtel Melia*, 80 m, Kuala Lumpur, 1997, AR3.
- *Sabah Foundation*, 150 m, Bornéo, 1997, AR5.
- *Tours Petronas*, 452 m, Kuala Lumpur, 1997 (tentative) 2007 (tentative) / 2009, AR8 (de courts passages de bloc en 6c/7a escalade).
- *Shinjuku Center Building*, 245 m, Tokyo, 1998, AR3.
- *OUB Centre*, 280 m, Singapour, 2000, AR8.
- *Tour BNI*, 210 m, Jakarta, 2002, AR8.
- *Taipei 101*, 508 m, Taipei, 2004, AR6.
- *Cheung Kong Centre*, 283 m, Hong Kong, 2005/2009/2019, AR2.
- *Tour Jin Mao*, 420 m, Shanghai, 2007, AR2.
- *Hôtel Four Seasons*, 130 m, Hong Kong, 2008, AR7.
- *Tour Suntec*, 176 m, Singapour, 2008, AR6.
- *InnoSat*, 70 m, Jakarta, 2008, AR2.
- *Tour Fortaleza*, 268 m, Zhengzhou, 2012, escalade artificielle.
- *Tour GT International*, 217 m, Makati, 2019/2024, AR2 (devenu AR3 dangereux en 2024).

Alain Robert
56
appy Birthday Hong Kong
WANTED

F**k LA VIEILLESSE !

J'aime les gens fêlés

parce qu'ils laissent passer la lumière.

Michel Audiard

◂ Gâteau d'anniversaire original pour son 56e anniversaire.
Hong Kong - 2018.
Coll. Robert

LE VERDON À 60 ANS

À l'automne 2022, Alain effectue un pèlerinage. Pour la première fois depuis plus de vingt ans, il retourne dans les gorges du Verdon. Mais pas en tant que touriste, ou du moins pas pour se balader sur la route des Crêtes, se pencher aux rambardes et se donner le frisson du grand vide. Non, à peine arrivé, il se fait descendre et grimpe directement en solo pour se remettre dans le bain.
Petite précision : cela fait exactement vingt-deux ans qu'il n'a plus posé ses doigts sur du rocher...

Partant flash (c'est-à-dire en ayant juste repéré au préalable quelques prises lors de sa descente) dans une voie dont il ne s'est même pas donné la peine de chercher le nom ni la cotation, il donne le frisson à ceux qui l'accompagnent pour le photographier et le filmer. C'est tout de même un 6a/b qu'il surmonte, mais non sans mal, en tâtonnant et en se faisant un peu (et même parfois beaucoup) peur.
Il y retournera d'ailleurs le lendemain par curiosité après avoir travaillé le passage dur encordé, mais renoncera à rééditer son ascension en solo.
Après toutes ces années sans avoir touché les gouttes d'eau calcaire, le choc est rude, bien plus qu'il ne l'avait imaginé.
Tout cela est-il bien raisonnable ?

C'est surtout du Alain Robert pur jus et dans le texte : *« À 60 ans, je ne tiens plus les prises comme avant, et surtout j'ai perdu toutes mes sensations sur le rocher. En plus, ma vue a baissé et j'ai du mal à voir mes pieds. En escalade naturelle, c'est beaucoup plus problématique que sur une tour.*
J'espérais être fort, mais en fait j'étais mauvais : je me suis pris une grosse claque ! Ça ne m'a pas empêché de faire ce que je sais faire et de pratiquer l'escalade comme je l'aime : en solo intégral. »

Ce retour est néanmoins remarqué, autant par son originalité que par sa filiation historique.
Alain est né par le rocher, il est celui qui a osé le plus en solo, notamment dans ces fameuses gorges.
Aujourd'hui, à l'heure du bilan, ces grands solos rocheux sont ceux dont il est le plus fier, même s'il a parfois souffert qu'ils ne soient pas assez reconnus.
Il les considère comme son véritable héritage.
Au Verdon, dans son royaume perdu, il se prouve qu'il est toujours capable d'être un *Lei Lagramusas*, ce lézard local qui se balade en toute liberté sur les parois tout en s'affranchissant de la gravité.
Mais si Alain a toujours considéré que ses solos les plus importants étaient ceux réalisés en falaise, il a néanmoins progressivement pris conscience de l'intérêt en termes de difficulté de certaines tours et compris que ces ascensions urbaines n'auraient jamais été possibles sans un gros niveau en escalade sportive.

You Tube

Verdon - 2022

◂ ▴ Dans les gorges du Verdon, avec, au fond, la falaise de l'Escalès, là où il a réalisé ses solos les plus impressionnants - 2022.
© Philippe Poulet

Avoir le moral, c'est bien, mais à partir d'un certain niveau, rien n'est possible sans une véritable expertise technique et physique.

« *Ces dernières années, avec l'expansion des réseaux sociaux, j'ai lu beaucoup de bêtises sur la difficulté de mes réalisations urbaines. Pendant longtemps, je me suis refusé à avancer des cotations. Surtout concernant certaines qui m'ont semblé extrêmes, comme les tours* Gan *et* Framatome *de La Défense, la* Blue Cross *de Philadelphie, la* Garden Court *de Johannesburg, la* Banque de Slovaquie *à Poprad ou la* Sears *à Chicago.*
Il s'agit généralement de problèmes de résistance.
Pour certaines, cela pourrait se comparer à effectuer cent tractions et ne plus avoir de jus pour la cent unième. Alors, les bras s'ouvrent et tu tombes.
Donc cela nécessite une bonne préparation.
Ce qui est aussi compliqué, c'est que la quasi-totalité de mes escalades solitaires ne sont jamais répétées, et c'est vrai que je n'ai pas trop de compétition.
Je pense que ce qui freine les volontés chez d'autres grimpeurs sérieux et susceptibles de prendre ma relève, c'est d'abord l'illégalité de ces ascensions, qui est un paramètre à ne pas prendre à la légère !
Les procès, les avocats, les amendes, tout cela coûte très cher, sans parler du réel risque de se retrouver en prison. Mais il y a aussi leur difficulté.
Aujourd'hui, beaucoup de jeunes préfèrent utiliser les issues de secours et se pendre sur des grues avec des super grands angles pour poster sur YouTube *et* Instagram. *Il y a une sauce journalistique qui raconte n'importe quoi et pourtant qui fonctionne.*
Beaucoup de rooftoppers *et des gens du* parkour *ont été inspirés par ma pratique, même s'il y a des divergences. Tout ça n'est pas réellement de l'escalade de haut niveau, et pourtant cela fait des nombres de vues incroyables. Je viens de l'escalade rocheuse et les buildings m'ont tout de suite semblé très faciles à lire, avec des prises crochetantes.*
Donc, je ne m'entraînais jamais sur les premiers mètres, à la différence des jeunes actuels qui se lancent dans l'activité. Mais au fil de mes ascensions, j'ai bien compris qu'on pouvait les hiérarchiser, exactement comme en rocher. Car il y a aussi une difficulté intrinsèque qui les rend inaccessibles sans un entraînement et un top niveau en escalade sportive.
Je pense donc que ces ascensions, même singulières, ont leur place dans l'histoire de l'escalade moderne, ce qui m'a incité à créer ma propre échelle de cotation.
Un système numérique simple qui va de AR1 à AR10.
Comme toute échelle, elle n'est pas figée et elle reste ouverte vers le haut pour les futures générations et les jeunes grimpeurs talentueux comme Léo Urban et Alexis Landot que j'aime côtoyer. »

▲ ▶ Alain en solo dans le secteur de l'*Arabe dément*.
Gorges du Verdon - 2022.
© Philippe Poulet

◂ ▴ Alain en solo dans le secteur de *Pichenibule*.
Gorges du Verdon - 2022.
© Philippe Poulet

UNE AUTRE VIE À L'AUTRE BOUT DU MONDE

Depuis plus de dix ans, Alain vit à Bali, où il s'est construit une nouvelle vie et une nouvelle famille après avoir rencontré Ira, sa compagne indonésienne, lors d'une de ses escalades à Jakarta et qui lui a donné son quatrième fils, Achilles.

« Au tout début, on vivait à Jakarta, mais après quelques séjours à Bali, le désir d'une meilleure qualité de vie s'est imposé. Ici, à Bali, la vie est bien plus tranquille et avec surtout moins de règles que dans les pays occidentaux. Peu de choses ont changé dans ma vie, si ce n'est mon éloignement de la France, avec toujours cette passion pour l'escalade en solo qui m'anime depuis près de cinquante années.
Je continue à m'entraîner tous les jours à la différence que, sous l'équateur, avoir son mur d'escalade personnel est indispensable.
Il y a bien quelques salles mais, pour ce qui est de l'escalade en sites naturels, les belles falaises européennes font cruellement défaut.
Ici, pas de Verdon, de Buoux ou de Siurana...
Le rocher est péteux et il le restera. Les spots intéressants les plus proches sont en Thaïlande.
Lors de mes voyages en France, je m'arrange de plus en plus pour aller faire un tour dans les falaises où aujourd'hui je gravis davantage des voies faciles à vue et en solo. C'est un exercice très plaisant qui me permet de reprendre contact avec le rocher et cela m'évite généralement de prendre des risques inutiles.
La soixantaine venue, continuer à faire ce que j'ai toujours fait n'est pas très compliqué parce que j'aime ça et que je reste plus ou moins le seul au monde à le faire sur des buildings. L'engouement des médias reste incroyable. Mes ascensions font visiblement rêver les gens, notamment aux Émirats arabes unis. »

◂ ▴ Une nouvelle vie à Bali, avec Ira et Achilles. Coll. Robert

Après la découverte de l'Asie, les Émirats ont constitué un nouveau tournant dans la vie d'Alain, devenant progressivement une destination chère à son cœur grâce à l'accueil enthousiaste qu'il reçoit à chacune de ses visites verticales.
En deux décennies, Dubaï, Abu Dhabi et Doha sont devenues des mégalopoles futuristes recelant une véritable forêt de gratte-ciel démesurés, dont le joyau est la *Burj Khalifa* de Dubaï (828 m), la plus haute construction du monde à ce jour.
En 2003, Alain gravit les 175 mètres de la *National Bank of Abu Dhabi* devant une foule de cent mille spectateurs et il comprend alors l'immense potentiel de la région pour son activité et sa popularité de French Spiderman. Les tours *Cayan* de Dubaï et *Torch* à Doha font d'ailleurs partie des quelques immeubles de plus de 300 mètres de hauteur qu'il a gravis.

▸ À Dubaï, face à la presse après les ascensions de la *tour Cayan* (2015) et de la *Burj Khalifa* (2011). Coll. Robert

▸ Sur la *tour Cayan*. 2015. © Emmanuel Aguirre

▾ À côté de sa maison à Bali. Coll. Robert

Son sommet reste évidemment la *Burj Khalifa*, bien que certaines parties totalement lisses ne soient pas grimpables en libre.
Braver les interdictions semblait aussi très risqué, donc, pour son ascension de 2011, Alain a préféré s'assurer la collaboration des autorités locales qui exigèrent une escalade encordée.
Néanmoins, quel privilège d'être le premier à pouvoir se dresser à près d'un kilomètre de hauteur au-dessus des sables et du golfe Persique !
Il rééditera l'exploit à l'automne 2023 en compagnie d'Alexis Landot pour célébrer la COP28 qui se tenait dans l'émirat.
Alexis est l'un de ces nouveaux *urban climbers* en pointe et il est conscient de l'héritage que laisse Alain : « *Ce sont des exploits qui forcent le respect. Force, précision, technique, tout était poussé au maximum et, couplé à son absence de peur, cela a produit un grimpeur absolument hors norme. À mon avis, ce qu'il a fait ne sera jamais dépassé, ni même égalé.* »

◂ La *Burj Khalifa* de Dubaï : presque un kilomètre de haut pour la plus haute construction sur Terre.
© Leonid Andronov/Shutterstock

▴ En nocturne (et encordé pour une fois) sur la *Burj Khalifa* en 2011.
© Emmanuel Aguirre

Pages suivantes - L'ascension de la *Burj Khalifa* du 30 novembre 2023 avec Alexis Landot en neuf heures.
Coll. Robert (captures vidéo)

Burj Khalifa - 2023

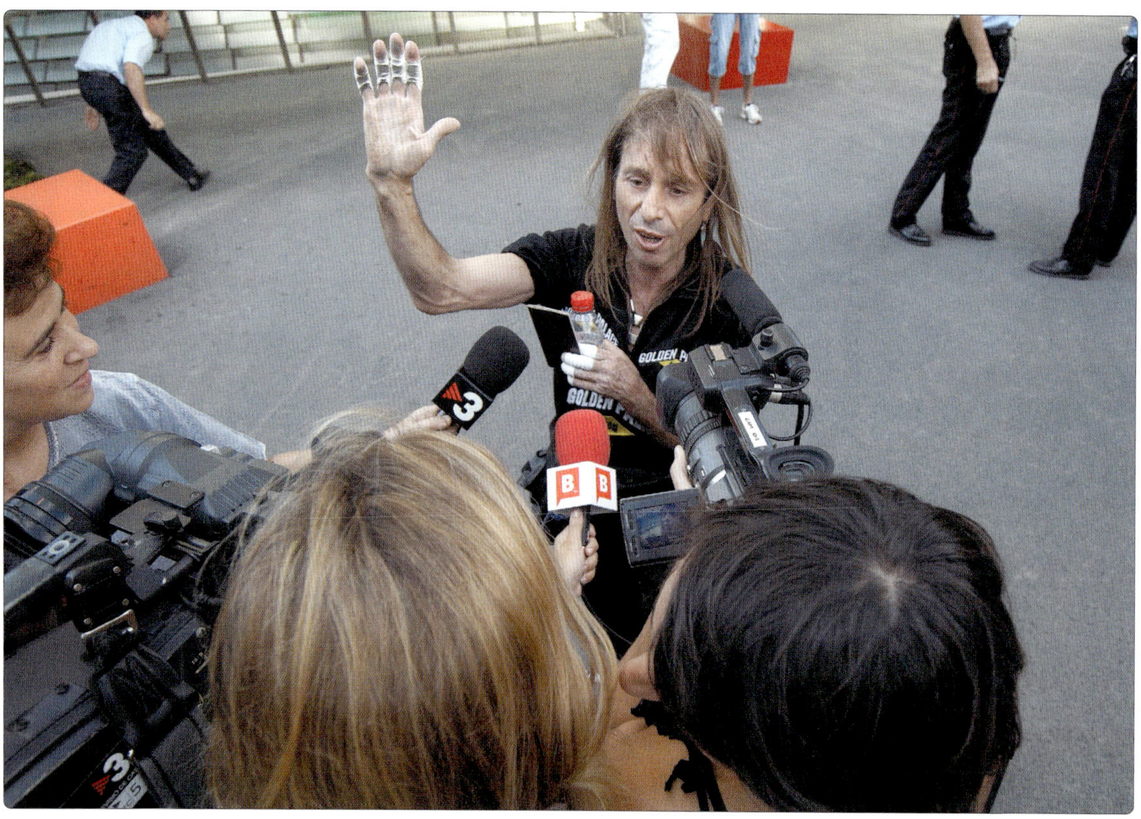

À l'occasion, son fils aîné Julien, qui l'a toujours soutenu dans ses aventures, le rejoint le temps d'un solo facile, comme en 2022 à Barcelone sur la *tour Glòries* (ex *tour Agbar*) alors qu'il n'a quasiment jamais grimpé de sa vie. On imagine la conversation père-fils chez les Robert : « *Tiens Papa, j'aimerais bien grimper avec toi. Si on partageait une tour ensemble ?*
- *Ah oui, mon fils, c'est une bonne idée. On va se faire une petite AR1 tranquille en solo simultané.* »
Alain, qui déjà gravi cette tour en 2020, choisit une face différente pour éviter la sécurité, mais sans réaliser que les surfaces vitrées y sont plus fermées que dans la voie « classique », augmentant ainsi la difficulté. Bénéficiant des conseils techniques de Papa à ses côtés, les pieds un peu hésitants mais les bras solides, Julien ne tremble pas et s'adjuge un AR2 en solo pour la première escalade de sa vie !

◂ La *tour Glòries* propose une escalade facile mais atypique sur des lamelles de verre. Barcelone - 2020 et 2022 avec son fils Julien. Coll. Robert

Pages suivantes - La *tour Glòries*.
© Fernando Pascullo/wikimedia
© Emmanuel Aguirre

Tour Glòries - 2022

Alain ne veut néanmoins pas finir en statue du Commandeur : « *Tout ceci est le fruit d'un savant dosage. Faire parler de soi mais pas trop.*
Aujourd'hui, je me diversifie d'avantage avec le marché des speechs de motivation pour de grandes entreprises, des banques, des compagnies d'assurances et autres fonds de pension, mais également de grandes universités comme Harvard, Oxford ou la Sorbonne.
Globalement, mes interventions consistent à vendre de la réussite, du risque calculé, de l'audace, des objectifs ou de la résilience à des cadres lors de séminaires aux quatre coins de la planète et principalement en anglais. »

▴ Avec le président du Kenya et Tony Blair à l'occasion d'une conférence pour le Réseau éducation sans frontières. Dubaï - 2011. Coll. Robert

Très loin de l'actualité de l'escalade sportive et du monde de la montagne français, Alain est pourtant le seul grimpeur vivant susceptible de faire la couverture des magazines grand public ou les prime times télévisés, de côtoyer des grands dirigeants (de François Hollande à Donald Trump en passant par Tony Blair pour des œuvres caritatives) ou des movie stars (Dwayne Johnson pour le lancement d'un film catastrophe, *Skyscraper*).

Il est souvent plus reconnu et célébré en Asie et en Amérique que chez nous. Un côté people et provocateur certes, mais avec une bonne dose de génie, une sorte d'Iggy Pop mâtiné de Gainsbourg, ou plutôt de Gainsbarre, de l'escalade moderne.

À l'âge de la retraite, il reste l'homme à la peau de lézard, autant amateur de grands champagnes que de lutte contre toutes les injustices.

Un jour en prison et le lendemain invité sur les plateaux TV et convié dans les réceptions mondaines...
À l'Élysée avec Raul Castro et François Hollande en février 2016, avec le sheikh Mohammed Al Maktoum de Dubaï, avec Dwayne Johnson alias *The Rock* lors de la tournée de promotion du film *Skycraper*, avec Hafþór Júlíus Björnsson alias *Thor* et qui joue le rôle de *La montagne* dans *Game of Thrones*, dans les émissions de Thierry Ardisson, Michel Drucker et aux *Grosses têtes* de Philippe Bouvard ou encore avec Igor Bogdanoff (bon grimpeur également...) et Gérard Lanvin. Coll. Robert

LES GROSSES TÊTES

◂ ▴ Alain élevé au rang de « Dieu vivant » après son ascension (légale) des deux cents mètres de la grotte Tianmen (Chine) le 18 novembre 2007.
Une plaque commémorative avec ses empreintes de pieds et de mains ainsi qu'une statue (en taille réelle) ont été érigés en son honneur.
© Emmanuel Aguirre et Coll. Robert

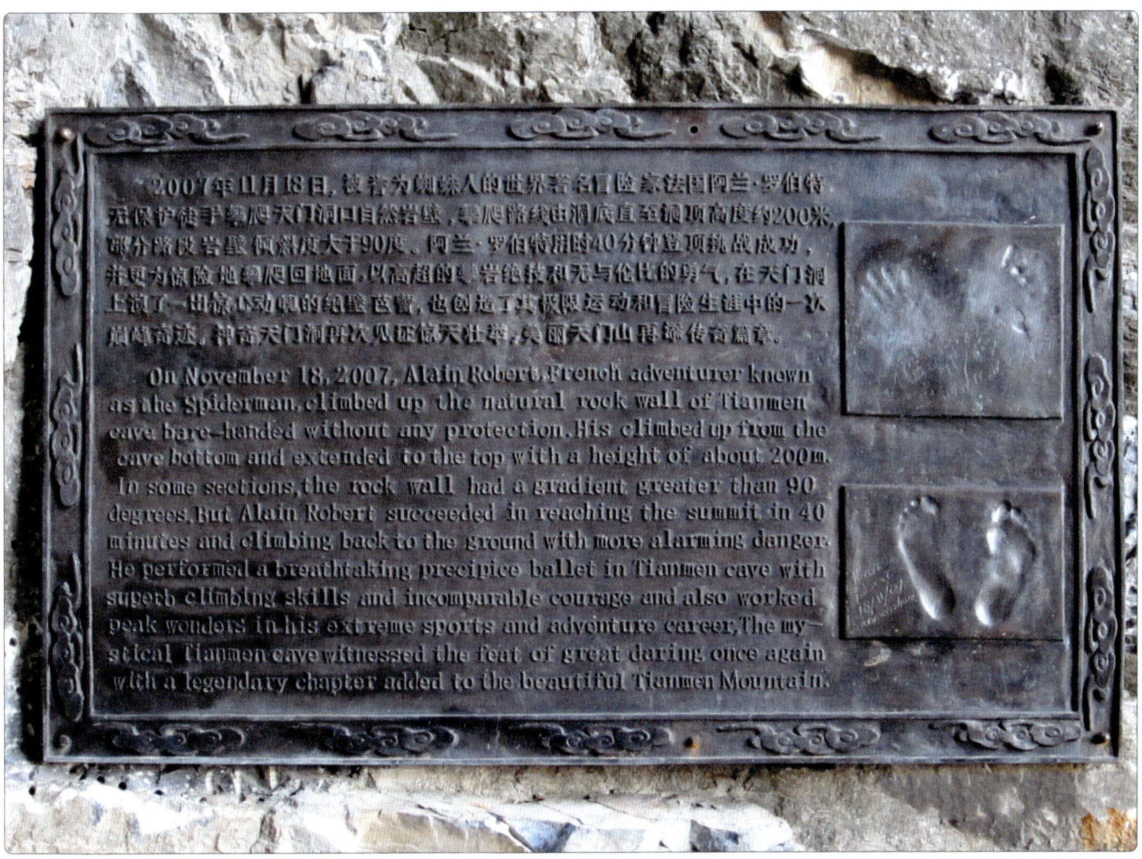

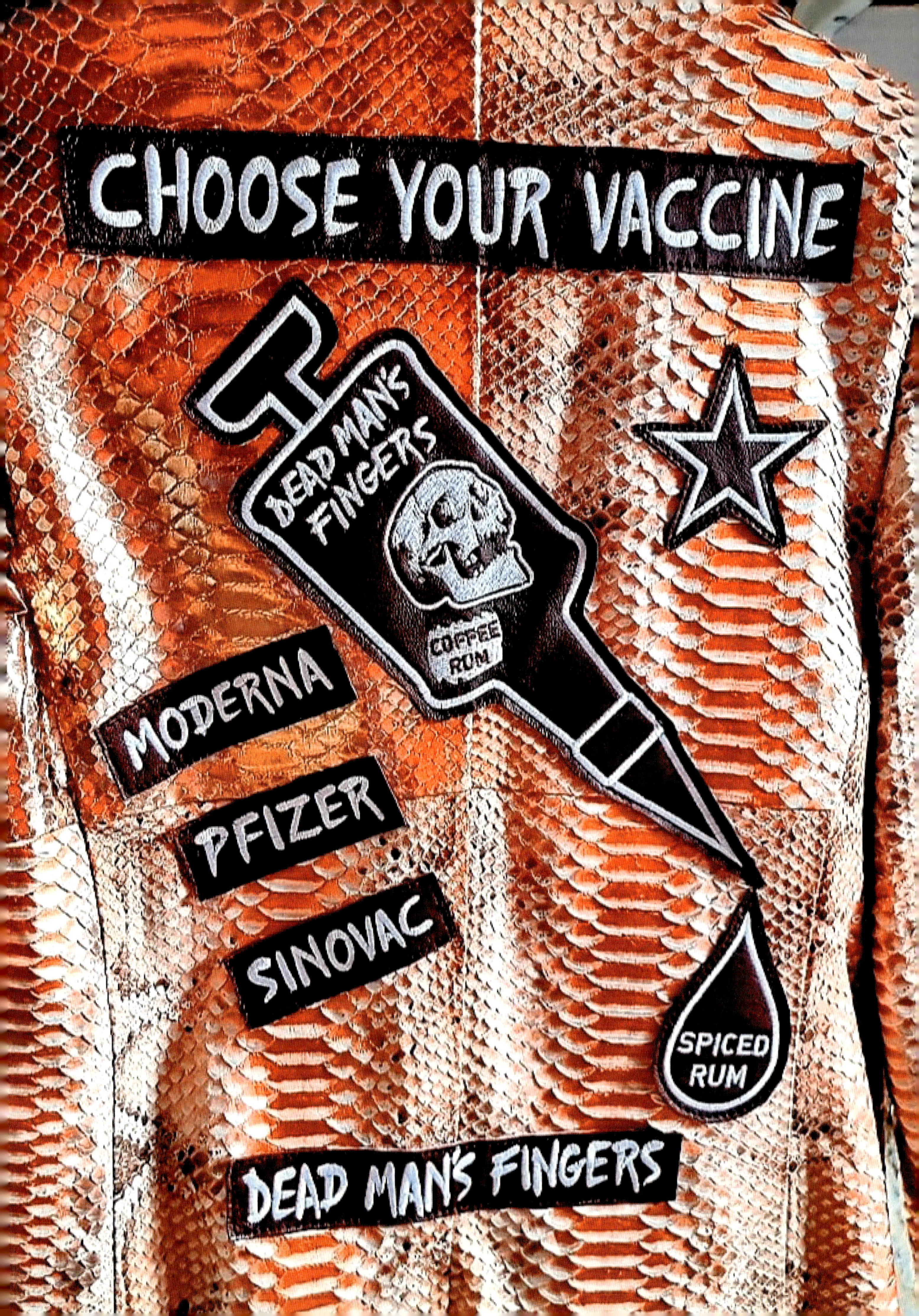
CHOOSE YOUR VACCINE
DEAD MAN'S FINGERS
COFFEE RUM
MODERNA
PFIZER
SINOVAC
SPICED RUM
DEAD MAN'S FINGERS

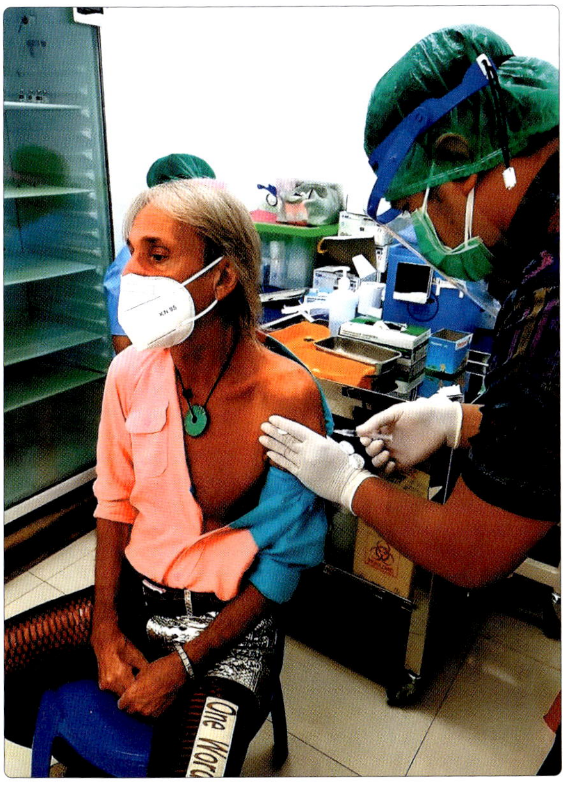

◀ ▲ Troublion et anticonformiste mais pas inconscient... Alain est bien passé par la case « vaccin » lors des crises covid. Coll. Robert

« Indissociable du sens que l'on donne aux choses, aux actes, la rébellion permanente s'avère être l'un des moteurs de ma vie. Une rébellion douce, évidemment, une rébellion de principe, pour ne pas être complètement formaté tel un clone dupliqué à l'infini.
Certes, grimper des immeubles facilite la tâche : la majorité me prend pour un fou, me laissant du coup en marge de la société. C'est simple et efficace.
On nie la différence pour ne pas avoir à regarder de trop près sa propre vie, ses propres folies.
J'estime appartenir sans ambiguïté à ce monde, à cette société, et je suis, comme chacun d'entre nous, un reflet de ses qualités et de ses défauts.
Mais mon sport m'a appris une chose : l'objectivité.
Grimper sans corde serait suicidaire sans une grande lucidité, sans cette impérieuse obligation de peser en permanence le pour et le contre, d'évaluer le risque toujours présent. Ma rébellion est donc d'un autre ordre, pas un simple refus du système dont je profite par ailleurs et avec lequel je joue au chat et à la souris.
En revanche, j'estime avoir encore droit à un espace de liberté en marge des règles établies, à un regard critique sur les problèmes qui me touchent, ceux des gens hors norme, un peu comme moi.
Et je veux pouvoir me regarder en face dans le miroir, sans avoir à détourner les yeux. Puisqu'on ne peut pas changer grand-chose, autant faire le ménage autour de soi, dans son propre champ d'action, là où la bêtise et la lâcheté sont palpables au quotidien.
Il y a tant de choses à faire, tant de rage à ne pas ravaler !
Dans mes escalades autour du monde, c'est curieusement dans les pays les plus civilisés que j'ai eu affaire aux pires situations.
Mais est-ce vraiment un paradoxe ?
Est-ce vraiment une grande surprise ?

TANT QU'IL ME RESTE MA PART DE *liberté*

Du Japon à la France, en passant par les États-Unis, évidemment, partout où les grands principes servent de façade, la stupidité et la méchanceté, ce trop-plein de frustration, sont le lot quotidien pour ceux qui ne filent pas suffisamment droit.
Être un rebelle dans l'âme exige une grande abnégation que je n'ai pas. Mon but n'est pas de m'opposer à tout-va ou de refuser l'ordre des choses, bien au contraire, tant qu'il me reste ma part de liberté.

Le jeu est clair : je grimpe des buildings sans corde et trouble de ce fait l'ordre public qui cède un peu facilement à la panique dès lors qu'il s'agit de paramètres devant lesquels la police, les pompiers et la justice se trouvent quelque peu démunis. On m'arrête.
Selon les pays, je perds une poignée de journées en prison avant d'être jugé, le verdict étant, à une variante près, toujours le même : acquittement, mais attention, la prochaine fois, ça ne rigolera pas ! Le cadre est précis, presque routinier, mais chacun s'y retrouve.
Je peux continuer à m'accrocher à mes chimères, à grimper ce qui me semble beau, sans avoir été absous par les juges. Un statu quo de bon aloi, où chacun peut garder la tête droite.
En revanche, quand la police fait du zèle, que la justice s'emporte, j'avoue avoir du mal à comprendre la mesquinerie, la petitesse de tels abus de pouvoir, car sauf erreur, je ne suis pas un voleur, encore moins un violeur, je ne suis ni corrompu, ni même un manipulateur quelconque arrangeant les choses pour qu'elles brillent. »

En 2024, Alain en a encore fait l'amère expérience dans les geôles philippines, le sexagénaire se retrouvant quarante heures en garde à vue à Manille après l'ascension de la *tour GT* : « *Dix-sept personnes dans une petite cellule pourrie sans pouvoir s'allonger, si ce n'est à tour de rôle, avec une lumière permanente, un bruit assourdissant et des cafards par centaines, un véritable* Midnight Express *mais encore une aventure intéressante...* »

▾ Arrêté quasiment à chaque ascension, les forces de sécurité se rendent vite compte que cet « hurluberlu » tout chétif ne présente pas un risque majeur pour la population. Ci-dessous, en Russie et en Allemagne.

▸ À Dubaï, la police a même remis une médaille au « gentil criminel ». Coll. Robert

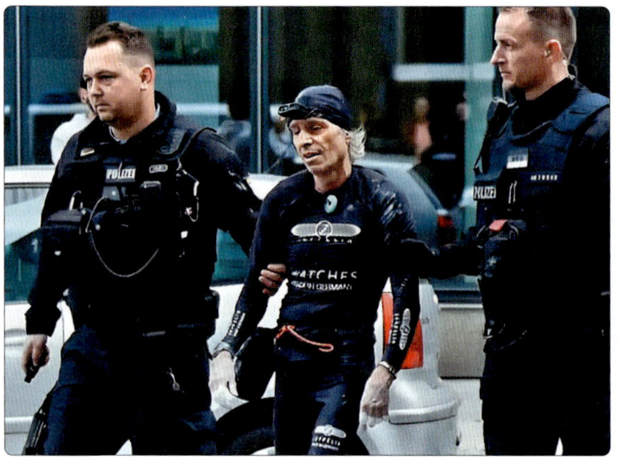

2005
With the Compliments of DUBAI POLICE GENERAL H.Q

UNE VOIX QUI DEVIENT UNE VOIE

« L'escalade a toujours été considérée comme un sport contestataire. À la fin des années soixante-dix, lorsque les grimpeurs ont décidé de s'émanciper des alpinistes, délaissant les moyens artificiels pour ne progresser qu'à l'aide des aspérités du rocher, la population grimpante s'inscrivait à coup sûr dans ce décalage, dans ce refus des règles établies.
Intimement liée à la nature, l'escalade apportait à ces jeunes dont je faisais partie, la valeur ajoutée de la prise de risque, d'un risque surmonté par l'alliance des forces du physique et du mental.
En découlaient une éthique, une philosophie et en tout cas un art de vivre qui se positionnaient facilement en décalage de la société d'alors.

Aujourd'hui, les choses ont bien changé : l'escalade n'est plus ce sport un peu marginal mais l'une des activités scolaires les plus pratiquées et un nouveau sport olympique. Grimper est devenu banal.
Nous consommons du sport ou de l'aventure comme on se sert dans les rayons d'une grande surface.
Où sont passées la saveur des choses, la vérité des émotions, la pureté du geste ?
Les débutants veulent franchir le sixième degré dès leur première séance alors qu'il y a trente ans, c'était généralement l'aboutissement d'une vie de grimpeur…
Certes, le matériel a évolué, mais comment croire que les voies du sixième degré de l'époque valent celles d'aujourd'hui ?
En effet, si elles portent bien la même cotation, l'époque n'est plus la même : l'exigence de sécurité, dans la vie de tous les jours comme dans la pratique sportive, pousse à l'extrême, au toujours plus. Mais jusqu'où ?
Ces voies d'escalade portant le label sixième degré demandaient alors une dose d'engagement, une prise de risque imaginable que par celui ayant de la marge.

Aujourd'hui, la prise de risque tendant désespérément vers zéro, l'escalade se résume parfois à un simple combat physique. Alors, celui qui patine dans du cinq n'hésite pas à s'essayer dans du six…
Le monde à l'envers.
L'escalade n'est plus ce sport merveilleux qui promettait de s'élever au-dessus des autres, au propre comme au figuré, d'apprendre à mieux se connaître, à mieux s'accepter aussi. Pourquoi changer ?
Pour être franc, le temps n'a rien fait à l'affaire.

◂ Au Verdon, en look fluo des grimpeurs des années quatre-vingt. 2022. © Philippe Poulet

Pire, je me sens davantage rebelle aujourd'hui qu'hier, peut-être aussi à cause des années perdues sur les lits d'hôpitaux.
Il n'empêche que mes escalades dépassent parfois mon simple petit plaisir.
Parfois par volonté, parfois par hasard.
Tenter de faire passer un message en grimpant, c'est aussi naïf que désintéressé.
Pourtant, j'ai grimpé pour les SDF, pour le Téléthon, pour les orphelins et bien d'autres causes dans de nombreux pays, parfois pour gagner un peu d'argent, parfois même beaucoup, mais aussi pour simplement interpeller l'opinion publique, voire une personne en particulier.
Car, ce que j'accomplis est universel.
Grimpeur au grand cœur ?
Pas seulement.
Certes, j'ai la chance d'avoir accès aux médias, alors autant en faire un usage qui ne soit pas uniquement égoïste, mais fondamentalement, j'ai surtout l'impression d'avoir été un exclu, d'être resté longtemps sur le banc de touche, voire à l'infirmerie…

L'escalade permet de s'élever physiquement, d'atteindre un but grâce à sa propre force, de surmonter des obstacles, de franchir de véritables murailles. Rarement un sport a aussi bien illustré le dépassement de soi, les bienfaits psychologiques inhérents à une pratique.
L'escalade m'a reconstruit, certes, mais elle m'a reconstruit plus fort qu'avant, plus solide moralement, plus sûr de moi, plus déterminé que jamais à suivre mon chemin, un chemin de croix parfois, mais pour atteindre un si magnifique sommet !
Ce sommet, je l'ai choisi.
Un jour de malheur, un jour où j'étais le dernier à espérer, un jour où j'ai décidé de laisser de côté les turpitudes pour ne plus suivre que ma voie.

À chaque nouveau coup du sort, j'ai découvert en moi des ressources inespérées, cachées au plus profond de chacun. "Ce qui ne tue pas rend plus fort"...
Je n'ai rien d'exceptionnel, sinon d'avoir su attiser la petite flamme qui brûlait en moi.
Plus tard, grimper des buildings ne fut qu'une suite logique dans mon parcours de grimpeur, une rencontre avec mes propres montagnes de verre et d'acier.
J'ai gagné ma vie, au propre comme au figuré.
Car pour mériter le plus grand des bonheurs, celui d'être en vie, il faut savoir parfois se mettre en danger.
À chacun ses moyens pour aller au bureau : moi, je ne passe pas par l'escalier mais par la façade.
Et finalement, est-ce bien différent ?
Les risques que je prends sont plus visibles, plus étonnants que ceux qui consistent à slalomer en scooter entre les voitures sur le périphérique encombré, plus spectaculaires que se gaver d'une nourriture trop grasse dont on connaît les ravages.
Mais n'est-ce pas simplement une question de repères ?
Rêver de gagner le gros lot au Loto, la voilà selon moi la vraie misère. Il faut suivre sa voix. Puis sa voie.
La mienne est directe. Comme un raccourci.

▲ Au sommet de la *tour Cayan*.
Dubaï - 2015.

▶ Dans les derniers mètres de la *tour Engie*.
Nanterre - 2019.
© Emmanuel Aguirre

C'est ce que je dirais aux nouvelles générations, rêvez et faites tout ensuite pour réaliser vos rêves avant que l'argent et le système social ne vous absorbent. Foncez !
Il n'y a pas de mauvais parcours.
Vivez juste la vie que vous avez envie de vivre !
J'ai fait tellement de choses que mon parcours de vie ressemble finalement à celui dont je rêvais enfant.
Chacun peut se construire sa vie de rêve.
On peut considérer que ce que j'ai fait ne sert à rien, mais qu'est-ce qui sert réellement à quelque chose ?
Je reste un rebelle, dans l'esprit de ce que cela signifiait il y a cinquante ans.
Il ne faut pas vivre sa vie par procuration.
Vivre ses rêves au lieu de rêver sa vie.
Même si le compte à rebours est en route, peut-être que le secret d'une jeunesse éternelle, c'est donc de toujours rester curieux et de vouloir continuer à s'amuser.
Au bout du compte, j'ai toujours été et je reste, selon la célèbre expression de l'alpiniste Lionel Terray, un conquérant de l'inutile. »

JE RESTE UN CONQUÉRANT DE *l'inutile*

engie
pullman

Ce livre est le prolongement de plusieurs projets qui, chacun à leur époque,
n'ont pas vu le jour mais ont finalement porté leurs fruits.

Les auteurs remercient donc Laurent Jacob et son esprit visionnaire,
Jean-Baptiste Tribout et Philippe Poulet qui ont relancé l'idée
et finalement Catherine Destivelle qui a su la faire aboutir.
Merci également au caricaturiste Jaques Vallotton.

Alain remercie ses enfants et sa femme Ira, le Pr Gérard Hoel, le Dr Jean-Christophe Brunat
ainsi qu'Alex Honnold et Alex Huber pour leurs mots chaleureux.

Bibliographie

À mains nues - Alain Robert (avec Laurent Belluard), Le Pré aux Clercs, 1998.
L'Homme-Araignée - Alain Robert (préface de Gérard Hoel), Le Cherche Midi, 2004.
Haute-Tension - Alain Robert (sous la direction de Sylvie Nordheim), Le Cherche Midi, 2014.
Devenir centenaire ! - Laurent Jacob, Éditions ÉchoSanté, 2016.
Le 9e degré. Toute l'histoire de l'escalade - David Chambre, Éditions du Mont-Blanc, 2015/2022.
Il était une fois l'escalade - Catherine Destivelle, David Chambre et Laurent Bidot (dessins), Les Arènes BD - Éditions du Mont-Blanc, 2023.

Numérique & réseaux sociaux

www.alainrobert.com

www.youtube.com/@alainrobert

www.facebook.com/thefrenchspiderman

www.instagram.com/alainrobertofficial

www.linkedin.com/in/alain-robert-3960b2270

Conception - Mise en page
Philippe Poulet

Auteurs
Laurent Belluard
David Chambre

Éditeur
Les Éditions du Mont-Blanc
285, chemin des Chavaux
74310 Les Houches
editionsdumontblanc.com

Photographie de couverture : Audouin Desforges
4e de couverture : Emmanuel Aguirre - Coll. Robert

ISBN : 9782365451833
Dépôt légal : octobre 2024